LE BATEAU A VAPEUR

ET

LES BAINS DE MER.

LE
BATEAU A VAPEUR

ET LES

BAINS DE MER.

NANTES,

IMPRIMERIE DE VINCENT FOREST,

QUAI DE LA FOSSE, N° 2.

—

1844.

LE BATEAU A VAPEUR

ET

LES BAINS DE MER.

———————

Qui que vous soyez, ami voyageur, épicier retiré, artiste, peintre, ou poëte, qui venez demander aux rivages de l'océan, du poisson frais, des homards, des chevrettes, ou quelques grandes et sévères inspirations ; ou simple flâneur, que le temps fatigue, et qui vous laissez entraîner partout où la foule vous indique un essai nouveau de distraction, ou enfin pauvre valétudinaire que vos médecins n'ont pu encore ni tuer ni guérir, et qui voulez essayer si la nature ne sera pas plus puissante que leurs drogues ? Qui que vous soyez, un guide vous est indispensable ; vous, pour connaître au moins les lieux que vous allez parcourir, les hôtels où vous pourrez mieux satisfaire vos appétits, les voitures qui vous conduiront le plus rapidement, tout ce qui tient enfin à la partie matérielle d'un voyage; vous, chez qui l'intelligence domine pour qu'on vous dise quelques mots de l'histoire du pays, pour qu'on vous indique les stations les plus propres à agir sur votre imagination, ou à fournir de l'occupation à vos crayons; vous, enfin, baigneur proprement dit, il aura quelques bons conseils à vous donner sur les heures les plus propices aux bains, sur les points de la côte où vous pourrez les prendre avec le plus d'agrément et de sûreté.

Je ne veux pas me donner, ami voyageur, pour plus que je ne vaux, et je ne vous promets pas un bien aimable compagnon de route, mais vingt voyages m'ont appris la carte du pays, les notabilités de chaque clocher m'ont vingt fois narré les chroniques de leur endroit; je vous les renarrerai chemin faisant; enfin, moi aussi les rhumatismes ne m'ont point épargné, et mon estomac n'a pas toujours exercé ses fonctions d'une manière satisfaisante ; pour ramener tout cela à l'état normal j'ai fait usage des bains de mer et je puis au besoin disserter fort pertinemment sur leurs effets et sur la manière de les prendre.

Ceci dit, pour justifier l'offre de nos services, nous pouvons mettre en route.

Pour vous rendre de Nantes au Croisic deux voies vous sont ouvertes : la Loire avec ses bateaux à vapeur, la route départementale N° 8 qui s'embranche à la route de Vannes au village de la Moëre, et sur laquelle est établi un service journalier de voitures bonnes et commodes dont vous pourrez trouver les bureaux sur la place Bretagne.

Il y a quelques années ce voyage offrait de sérieuses difficultés. Par terre une route épouvantable sur laquelle aucun entrepreneur n'osait risquer de voitures ; par eau c'était peut-être pis encore, au lieu de ces riches et confortables steamers qui vous transportent si rapidement et sans rompre aucune des habitudes de la vie ordinaire, vous aviez pour unique moyen de passage ces petites barques en forme de côte de melon, appelées barges, et pour lesquelles, lorsque vous en rencontrez aujourd'hui sur la rivière, vous craignez la moindre lame, la plus légère brise, rases qu'elles sont sur l'eau et couvertes d'une voile énorme qui ne semble nullement en rapport avec l'exiguité de leurs dimensions.

Si le vent et la marée vous favorisaient, une journée pouvait suffire pour le trajet de Nantes à Paimbœuf ou Saint-Nazaire, mais le plus souvent la brise contraire, les calmes ou le flot vous arrêtaient en route, et il fallait attendre sur quelque banc de sable ou à la queue d'une île le jusant ou les vents d'est ; de là, nécessité de n'embarquer que muni des provisions indispensables pour une traversée de deux ou trois jours. Tout cela était fort pénible, mais aussi d'agréables compensations vous étaient offertes. Exposés aux mêmes dangers, aux mêmes privations, les passagers de tout sexe, de toute nature entassés dans ces coquilles de noix, voyaient promptement s'établir entr'eux une espèce d'intimité et chacun comprenait la nécessité de contribuer pour sa part à rompre les ennuis d'un semblable voyage. Aussi comme les conversations étaient bruyantes et animées! Quelles bonnes grosses plaisanteries naissaient à chaque instant de la position ! Et les attaques contre les bateaux qui passaient, car c'était l'usage de s'injurier réciproquement, sans sortir cependant des termes d'un certain code de politesse adopté sur la rivière, mais qui laissait encore bonne marge aux saillies grivoises des bargers et de leurs voyageurs, quelles joyeuses distractions ! Et le pêle-mêle de la cabane lorsque la pluie ou le poudris des lames forçaient à s'y réfugier en masse, n'avait-il pas aussi quelquefois son mérite ? Et les nuits passées sous la tente, ne les avez-vous pas souvent trouvées bien courtes, dites honnêtes riverains des deux sexes qui faisiez dans votre jeunesse le fond de pacotille des chaloupes de passage?

Je conviens que les agréments de ce genre de navigation n'étaient pas généralement appréciés, et que bien des gens n'y trouvaient pas une compensation suffisante aux périls et aux privations du voyage, aussi

ne suis-je pas surpris du prompt succès des
bateaux à vapeur. Pour moi je le confesse
naïvement, je regrette bien un peu mes
vieux bargers si narquois, si insolents même,
mais cela tient peut être à l'âge, et j'at-
teins celui où, selon l'expression d'Horace,
l'on devient *Laudator temporis acti.* Quoiqu'il
en soit, et comme il faut marcher le plus
longtemps possible avec son siècle, je ne vous
engagerai pas à fréter une barge pour vous
rendre à Saint-Nazaire ; prenons le bateau à
vapeur, et résignons-nous à sa confortable
monotonie.

De Nantes je ne vous dirai pas un mot,
lecteur, vous y êtes, vous connaissez déjà ses
quais, ses belles rues, ses rares monuments.
Son histoire, si vous en êtes curieux, vous la
trouverez à la bibliothèque publique sous
vingt formes différentes ; sa statistique civile
politique, morale et commerciale, si vous tenez
à vous en édifier, allez à la société académique, vous y entendrez parler de tout cela et
de quelques autres choses.

Si vous voulez le permettre, nous commencerons nos conversations là où Nantes finit et Chantenay commence, parce qu'alors on peut s'établir à l'aise sur le pont du bateau et feuilleter un livre qui nous laisse toute la liberté d'esprit nécessaire pour suivre encore les rives du fleuve qui fuient à côté de vous.

Et d'abord là, sur la rive gauche, ce petit village coquet et propret, dont les maisons baignent dans les eaux de la Loire à la moindre crue, c'est Trentemoux, peuplade de marins et de pêcheurs, pépinière de ces bargers dont je vous parlais tout à l'heure. Lorsque les premiers bateaux à vapeur s'établirent, Trentemoux fut dans le deuil, c'était un pays ruiné que pour un rien tous ses habitants eussent abandonné, et cependant Trentemoux est aujourd'hui plus riche qu'à cette époque, vous en pouvez juger par les constructions nouvelles, par le soin mis à donner aux anciennes l'apparence extérieure de l'aisance, par le grand nombre de navires qui se balancent à l'ancre là où vous ne voyiez autrefois que des toues et des barges.

Un peu au-dessous de Trentemoux, ce clocher blanc c'est Bouguenais, lieu célèbre par ses vins, le Surène de la Loire-Inférieure.

Sur la rive droite voilà Chantenay qui n'est à proprement parler qu'un faubourg de Nantes. C'est sur le territoire de cette commune, dans cette belle prairie que borde la Loire, que furent d'abord établies les courses du département. Il y avait là une fortune pour Chantenay, qui devait au prix des plus grands sacrifices s'assurer un semblable établissement. Il paraît qu'au contraire on voulait à la fois jouir du bénéfice indirect et s'en assurer un autre réalisable à l'instant et appréciable en espèces, et comme il arrive d'ordinaire en pareille circonstance pour vouloir trop avoir on n'a rien eu. Nantes a trouvé plus à proximité de son octroi une commune plus raisonnable, et l'hippodrôme a été transporté sur la belle prairie de Mauves, au territoire de Doulon.

Autrefois, Chantenay avait pour maison seigneuriale le château du Bois-de-la-Musse, bâti par Jean Chauvin, chancelier du duc François II. Cette terre d'abord simple châtellenie, puis baronie, fut enfin érigée en marquisat, en faveur d'Aufray Blanchard, premier président de la chambre des comptes.

Ce n'était pas un petit seigneur que ce marquis; il avait haute, moyenne et basse justice; droit de police, gruerie, création d'officiers, justice patibulaire à quatre poteaux, ma foi! prison, quintaine, foire le lendemain de la Saint-Martin, ceinture funèbre, armoiriés au-dedans et au-dehors de l'église; banc et enfeu dans le chœur, droit d'eau bénite par présentation, prières nominales, encens et baiser de paix, etc., etc. Enfin, Louis XIV accorda au marquis du Bois-de-la-Musse le droit de creuser des fossés, construire des contre-escarpes, et d'avoir deux tourelles et deux canons encore, soit pendant la guerre, soit pendant la paix.

Ces noms de Blanchard et de la Musse me rappellent une notabilité poëtique du département. Blanchard de la Musse, président du tribunal civil de Nantes, président de la société académique, et correspondant infatigable de tous les recueils lyriques et poëtiques pendant cette heureuse époque, qui a fini avec l'empire, où l'on croyait fermement aux Athénées, aux Lycées, aux Académies, et alors que l'almanach des Muses, l'almanach des Grâces, celui des Dames, et tous les caveaux et chansonniers possibles, trouvaient encore en France des lecteurs et des chanteurs, ce qui, par parenthèse, démontre combien est vrai cet axiôme, généralement accepté, que la littérature est l'expression de la société.

Personne aujourd'hui ne parle de celui dont les vers alors frappaient si souvent nos oreilles, et je ne crois pas que vous teniez beaucoup à cette biographie que je vous épargne, lecteur, ainsi que les recherches pour établir les rapports qui peuvent exister entre le poëte et les anciens seigneurs de Chantenay.

Parlons plutôt un peu de ces digues que vous voyez s'étendre des deux côtés du fleuve dont elles rétrécissent le lit; ce sont les fameuses digues submersibles, les digues Le Mierre, qui devaient rendre jusqu'à Nantes la Loire navigable aux navires de commerce du plus fort tonnage, et qui dans sa partie supérieure allaient faire disparaître tous les obstacles qui s'opposent aujourd'hui à la navigation pendant la saison des basses eaux.

Longtemps ces travaux furent l'idée fixe du commerce nantais, les digues submersibles devaient faire de la Loire un nouveau Pactole, on eut volontiers élevé des statues à l'ingénieur qui les rêva, et nous n'avons pas oublié l'enthousiasme de la presse départementale lorsqu'il fut chargé spécialement de ce service et que des fonds furent accordés pour la mise en pratique de ses théories.

Hélas ! cette gloire aussi n'a pas été de longue durée ; à peine les travaux étaient-ils commencés que déjà de toutes parts retentissaient des plaintes contre leurs fâcheux résultats ; le fleuve était perdu, et aux sables qui déjà en entravaient le cours, on allait encore ajouter des masses énormes de pierres.

Du reste cette idée de digues submersibles n'était pas nouvelle, et déjà sous Louis XIV, une compagnie hollandaise avait offert d'améliorer le cours de la Loire au moyen de tra-

vaux semblables, demandant pour tout dé-
dommagement que le port de Nantes lui fût
ouvert en franchise.

De 1718 à 1746, les États de Bretagne char-
gèrent des ingénieurs de visiter le cours de la
rivière et de rechercher les moyens de s'op-
poser à l'ensablement progressif.

Nous n'avons pas de brevet d'ingénieur et
par suite nos idées sur ces questions ne peuvent avoir que bien peu de consistance ; néan-
moins, comme il faut causer en bateau, dût-
on parler de choses qu'on ignore, nous nous
permettrons de dire que pour obtenir de ces
digues un résultat sérieux, il faut les pro-
longer dans tout le cours du fleuve, sous
peine d'encombrement partout où le sable
pourrait s'étendre à l'aise dans le lit même, et
c'est alors un canal que vous voulez construire, canal incomplet et continuellement
menacé, et qui, si vos théories se trouvaient
justifiées, aurait l'inconvénient d'amener à
l'embouchure un amas énorme de sable qui
bientôt la rendrait impraticable aux plus
faibles embarcations, ou qui, du moins donne-
rait naissance à une barre dangereuse.

Aujourd'hui c'est le dragage que l'on veut employer, et l'on croit bonnement que l'on parviendra à maîtriser la nature au moyen de quelques machines à vapeur. C'est une nouvelle erreur dont on se débarrassera comme des digues.

Il faut prendre la Loire telle qu'elle est avec son étiage plus ou moins élevé, mais devant toujours donner passage aux eaux qui s'écoulent vers l'océan ; c'est cette profondeur d'eau plus ou moins variable et qui n'a pas changé en moyenne depuis 100 ans, qu'il faut utiliser sans prétendre refaire de main d'homme un grand fleuve, car la nature viendra, passera sur vos travaux et vos travaux ne serviront jamais qu'à prouver votre impuissance et votre faiblesse.

Mais Nantes périra si l'on ne creuse la Loire ! Eh ! mon Dieu, non Nantes ne périra pas quand même Orléans, Tours, Blois feraient venir à moindres frais du Hâvre ou de Bordeaux, voire même de Marseille, leur sucre, leur café et tous les produits dont vous les approvisionnez aujourd'hui, il y aurait dé-

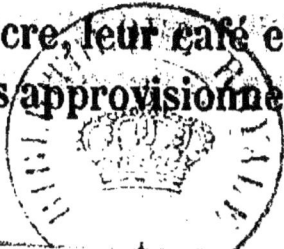

placement de fortunes, d'industries; la propriété diminuerait de valeur d'un côté pour augmenter de l'autre, en somme l'équilibre serait maintenu. Pour nous, nous ne sommes nullement partisan des primes sous quelques formes qu'elles se distribuent, primes en argent, primes en travaux publics, c'est toujours un mauvais système. Toute industrie qui ne se soutient pas par elle-même doit périr, toute localité qui ne peut tenir concurrence avec les lieux mieux placés pour le commerce d'approvisionnement doit en prendre son parti et se borner à exploiter les ressources qui lui sont propres, les routes, les ports, les canaux ne doivent être entrepris que pour l'écoulement des produits naturels ou d'industries toutes locales. Nous sommes certains que ces principes adoptés, Nantes aurait plus à gagner qu'à perdre, dût la Loire rester aussi dangereuse.

Mais diable! pendant que je disserte sur les matières d'économie publique qui me sont fort étrangères, je perds l'occasion d'appeler votre attention sur un magnifique point de vue.

Tournez-vous donc promptement vers l'arrière du bateau, mon cher artiste, que dites-vous de ce paysage ?

La Fosse et ses ormeaux séculaires, cette forêt de mâts qui dominent les quais ; dans le fond la masse sévère et imposante de l'église de Saint-Pierre, ces ponts dont les lignes se dessinent sur les eaux argentées du fleuve, les îles si riches de verdure qui encadrent le tableau, les villages de Trentemoux et de Chantenay dont les maisons rustiques et les toits rouges, font sur le premier plan contraste avec les monuments et les opulentes constructions de la grande cité, et le soleil levant qui dore tout cela de ses rayons, mais ce n'est pas trop mal, n'est-ce pas ?

Maintenant jetez les yeux vers l'avant, vous allez bientôt apercevoir le coteau si pittoresque de la Haute-Indre, couvert de gentilles maisons étagées sur la rampe, et dont les dernières ont pour ainsi dire le pied dans le fleuve. Un pas plus bas voilà la Basse-Indre dont la population comme celle de Trentemoux se livrait autrefois presqu'exclusivement à la pêche et au transport en barge de Nantes à Paimbœuf. La Basse-Indre a aussi considérablement prospéré depuis l'établissement des bateaux à vapeur. C'est un petit pays en progrès rapide et dont la fortune peut aller loin, grâce à l'établissement d'Indret et au mouvement d'industrie qu'y a fait naître la création de la belle laminerie de fer, dont vous voyez fumer la cheminée, et fonctionner l'énorme martinet. Cette fabrique fondée en 1822, cessa de marcher, par suite de je ne sais quelle combinaison de tarifs de Douane ; elle a recommencé ses travaux depuis quelques années.

Si vous voulez voir quelque chose de grand, de beau, quelque chose qui vous fasse comprendre qu'elle est la puissance combinée du génie, de la science et du travail, visitez Indret, magnifique établissement où se construisent les navires à vapeur et les machines destinées à les faire mouvoir.

Examinez bien ces beaux et vastes chantiers, ces admirables ateliers d'où sortent de si admirables machines , et dites-vous que sous vos yeux se préparent les plus puissants instruments dont on ait jamais pu se servir pour changer la face du monde.

Aujourd'hui tout ce qu'on pourrait dire sur l'application de la vapeur à la navigation est passé à l'état de lieu commun, et je me garderai bien de vous limer quelques phrases pour faire suite aux déclamations dont vous êtes depuis longtemps rebattu ; pensez, lecteur, il y a de quoi, moi je n'ai d'autre mission près de vous que de vous signaler les faits.

La Basse-Indre, la Haute-Indre et Indret forment une commune composée réellement de trois îles, car pendant la saison des grandes eaux les prairies qui séparent les parties hautes de ce territoire, et même la chaussée qui conduit de la Basse-Indre à Saint-Herblain, sont couvertes d'eau, et les relations de voisinage n'ont plus lieu qu'en bateau , moyen de communication moins pénible qu'on ne le pourrait penser, l'eau étant à peu près l'élément de cette population.

Ces îles servirent jadis de quartier-général

aux Saxons qui s'y fortifièrent vers la fin du Vᵉ siècle, et de là étendirent au loin leurs courses, menaçant continuellement Nantes qu'ils assiégèrent pendant deux mois en 490.

En 630, Saint-Pasquier, Paschaire, Pasquien, Paschase, Pascharius, Poscarius ou plutôt Paschasius, on n'est pas bien d'accord comme vous voyez sur le nom (1), fonda l'abbaye d'Aindre, en latin *Antrum*, où il établit Saint-Hermeland, encore appelé Saint-Herbland, Herblon, Herblain ou Herbaud. Son successeur Agatheus y appela des moines bénédictins qu'il demanda à Albert, abbé de Fontenelle.

Ce monastère fut détruit au IXᵉ siècle par les Normands après la prise de Nantes.

En 1005, Budic, fils de Judicaël, comte de Nantes, fit bâtir un château dans l'île d'Indret; c'est là que fut célébré en 1026 le mariage de Judith, sa sœur, avec Alain Caignard, comte de Cornouaille, mariage qui, par parenthèse, fut suivi d'une longue guerre entre les

(1) Catalogue des évêques de Nantes.

deux beaux-frères, Alain tenant très fort à la légitimité et ne voulant pas laisser le comté entre les mains d'un batard au détriment de sa femme qui procédait de l'épouse légitime.

Le duc de Mercœur fit rétablir le château d'Indret en 1594. Cette petite construction, espèce d'hermitage sur la pointe de l'île, servait dit-on de but fréquent à ses promenades, et il se plaisait à y venir méditer, probablement sur le parti qu'il tirerait en définitive de la guerre civile et de l'anarchie qu'il entretenait en Bretagne pour la plus grande gloire de Dieu et de la religion catholique.

En 1642, l'île d'Indret devint la propriété du domaine royal par suite de l'échange fait par le Roi avec M. de Guenouville, qui reçut en retour le fief du Pont en Vertais et la prairie de Biesse.

Le gouvernement y fit établir une fonderie de canons en 1778. Aujourd'hui, comme nous l'avons dit, on y construit des navires à vapeur et leurs machines.

A la rigueur, cet établissement est assez singulièrement placé dans un lieu où ces navires ne peuvent compléter leur armement et d'où même ils ne peuvent en tout temps descendre la Loire; mais ne parlons pas de cela, car il ne faut pas se faire de querelles avec Nantes, qui a les meilleures raisons du monde à donner pour le maintien des constructions à Indret.

La première escale après Indret c'est Couëron, le *Corbilo* de Strabon, dit-on, le *Portus Namnetum* de Ptolemée, dit-on encore. Il a été écrit là-dessus de fort belles dissertations, ma foi! que je vous engage beaucoup à lire. Consultez surtout Adrien de Valois, D. Lobineau et le Lycée Armoricain, où je crois me rappeler avoir lu quelque chose sur ce sujet, tendant à démontrer que Couëron est le *Corbilo*, et Port-Launai, que vous voyez un peu plus bas, le *Portus Namnetum*; je n'oserai cependant rien affirmer, car je cause sans avoir le temps ou le désir de recourir aux sources.

La seigneurie de Couëron appartenait aux ducs de Brétagne. François II, dont vous avez pu voir le magnifique tombeau dans l'église de Saint-Pierre, la donna par lettres-patentes du 12 janvier 1488, à Gilles de la Rivière, vice-chancelier de Bretagne; il y mourut (François II), en son château de Gazoire, le 8 septembre de la même année.

Couëron jouit, pour les vins rouges, d'une réputation à peu près égale à celle acquise pour les vins blancs au territoire de Bouguenais. Le Berligou surtout est passé en proverbe ; on en plaisante aujourd'hui, et cependant les ducs de Bretagne en faisaient un très-grand cas. On a été jusqu'à dire que ce petit vin entrait pour quelque chose dans les motifs qui les décidèrent à faire construire un château à Couëron, où quelques-uns prirent plaisir à fixer leur résidence.

Du reste, il paraît que les vins de Bretagne flattaient agréablement les rudes palais de nos ancêtres, si l'on en juge d'après le mot d'un seigneur de ce pays, qui disait à la cour de François Ier qu'il y avait trois choses en Bretagne qui valaient mieux qu'en aucun autre lieu de France : les chiens, les vins et les hommes. « Pour les hommes et les chiens il » en peut être quelque chose, répondit le roi,

» mais pour les vins, je n'en puis convenir
» étant les plus âpres et les plus verts de mon
» royaume. »

En quittant Couëron le bateau traverse la
Loire et vient chercher la rive gauche près du
Pellerin, petit port où les navires trouvent
une bonne posée. Du Pellerin je n'ai pas
grand chose à vous dire et tout ce que je con-
nais de son histoire ancienne se borne à
des fondations pieuses. Ainsi en l'an 1050
eut lieu celle du prieuré ; en 1063, Quiriac,
évêque de Nantes qui, dit l'abbé Travers, était
bon et facile à donner les revenus des églises
aux moines, céda ceux de l'église du Pellerin
aux religieux de Marmoutiers, sous condition
d'un denier d'or de cens annuel.

C'est au Pellerin que naquit le fameux
Fouché dont je n'ai pas besoin de vous parler
attendu, selon l'expression d'un de ses com-
patriotes, qu'il est connu comme Barrabas
dans la Passion.

Du Pellerin à Paimbœuf la Loire change
tout-à-fait d'aspect, plus de ces beaux co-
teaux couverts d'une riche et puissante végé-
tation, plus de châteaux, plus de paysage

enfin ! Le fleuve s'élargit et coule au milieu d'îles basses et couvertes de roseaux qui s'agitent au vent comme des vagues, il acquiert peu à peu tout son développement et se prépare à se mêler à l'océan.

Nous profiterons si vous voulez de ce moment où rien ne nous distrait sur la rive pour examiner un peu la population du bateau qui nous conduit. Mais avant il faut que je vous dise ce que c'est que cette tour à peu près ruinée que vous voyez sur la gauche et qui marque dit-on la moitié du trajet de Nantes à Paimbœuf. Là fut jadis

Un asile pieux
Où vivaient noblement de bons religieux
. . . .
Enfants de Saint-Benoît,
de Cluny, de Saint-Maur, heureux propriétaires.

Mais non, je confonds, l'abbaye de Buzay, fondée en 1135 par Conan III, duc de Bretagne, et la duchesse Hermangarde sa mère, n'appartenait pas à l'ordre des Bénédictins, mais à celui de Citeaux constitué en 1098 par Saint-Robert, abbé de Molême et dont Saint-Bernard fut l'ornement. Ce grand Saint vint à

Buzay l'an 1136 et y établit quelques religieux auxquels il donna pour prieur son frère Nivard. On raconte qu'à son passage à Nantes, le saint Abbé de Clairvaux, que la grâce des miracles accompagnait partout, y guérit une femme de qualité, aimée d'un démon depuis six ans, il excommunia l'esprit impur et lui défendit à jamais tout commerce avec cette femme ou toute autre. Mais ce que je trouve de plus curieux dans le miracle, c'est qu'il se fit du consentement du clergé et du peuple, comme cela se pratiquait alors, et en jetant à terre les chandelles allumées, ainsi que vous pouvez le lire dans Travers et dans la vie de Saint-Bernard écrite par Alain, évêque d'Autun.

Il paraît que les disciples de Robert de Molesme établis à Buzay, étaient assez partisans de la règle de Robert d'Arbrisselles qui florissait vers le même temps, celui qu'ont rendu célèbre la fondation de Fontevraud et les plaisanteries de Voltaire et de Pigault Lebrun, car en 1177 le monastère de Buzay se composait de deux sections, celle des hommes et celle des femmes, ainsi qu'il résulte de l'approbation donnée par Robert, évêque de Nantes, à deux donations faites à ces maisons.

Depuis Voltaire jusqu'à nos jours, on a bien ri des moines, on a bien déclamé contre les couvents, et l'on a eu à la fois tort et raison ; certes, ces établissements n'étaient plus en rapport avec l'état de la société, leur temps était venu, mais n'oublions pas que dans l'espèce de cahos social qui suivit la chute de l'empire Romain, les institutions monastiques maintinrent seules les grands principes de dignité et de liberté humaine, qu'elles servirent de base aux progrès politiques en proclamant, au milieu d'un monde partagé en maîtres et en esclaves, l'égalité des hommes devant Dieu. Elles durent disparaître devant une révolution qui proclamait de plus l'égalité devant la loi ; mais rendons justice à leur influence démocratique et à leur puissante action morale sur une société gouvernée par la force.

Pour bien juger les institutions d'une

époque, il faut en connaître les mœurs, les préjugés, jusqu'aux habitudes domestiques, il faut pour ainsi dire s'imbiber de ses passions, et comme tout cela est à peu près impossible, voilà pourquoi les jugements de l'histoire sont si faux, voilà pourquoi les choses du moyen âge sont si mal comprises et pourquoi aussi notre grande révolution et les hommes qui y ont pris part sont déjà si mal appréciés.

Mais nous voila à cent lieues de notre affaire, revenons à nos compagnons de route.

La population des bateaux à vapeur de Nantes à Saint-Nazaire, je parle du gaillard d'arrière, car l'avant se compose d'une telle variété d'individus, qu'il n'est guère possible d'en traiter méthodiquement, peut se partager en trois catégories; 1° les voyageurs exotiques, et ici je dois m'expliquer un peu sur les distinctions que j'ai paru établir entre eux au commencement de ce voyage lorsque j'ai parlé d'épiciers, d'artistes, etc. Vous avez compris parfaitement, j'en suis sûr, cher lecteur, que ces dénominations avaient une certaine élasticité, que je cherchais plutôt des mots typiques, qu'une qualification exacte et pour ainsi dire personnelle. Ainsi, pour moi, tous les épiciers ne sont pas à la boutique, pesant la cassonnade et distribuant la réglisse ; ils sont tout aussi bien dans le comptoir de l'armateur, qui leur vend en gros les produits intertropicaux qu'ils détaillent au consommateur, et qui n'a jamais pu faire jaillir de sa tête en pain de sucre autre chose que des factures et des comptes-courants.

Et ces gros banquiers voués au culte de la pièce de cent sous et à l'étude cabalistique des nombres, alchimistes de notre époque, qui ont trouvé le moyen d'augmenter indéfiniment et sans interruption les moindres parcelles métalliques qui tombent entre leurs doigts.

Et ces gens qui se croyent des grands seigneurs parce que leurs ancêtres ont été de bons et braves soldats et qui passent, eux, leur vie à chasser des lapins, forcer les filles, courir les foires, vendre leurs grains et leurs bestiaux, acheter des chiens et des chevaux, bien manger et boire sec ; et enfin tous ceux, à quelque classe de la société qu'ils appartiennent, chez lesquels, comme dit Sganarelle, la partie brutale veut toujours prendre empire sur la sensitive, épiciers, épiciers, épiciers.

Pareillement, vous comprenez que, eussiez vous coiffé le casque à mèche et ceint le tablier, si vos occupations mécaniques n'ont pas détruit chez vous les ressorts de l'intelligence, si votre cœur bat à tout ce qui est noble, grand et généreux, vous êtes pour moi plus artistes que ces farceurs qui n'ont pour justifier leurs prétentions qu'une barbe plus ou moins longue, des cheveux coupés d'une manière plus ou moins originale, et qui griffonnent des impressions de voyage, ou barbouillent de mine de plomb les feuillets d'un album, gens pour qui la nature et la société n'ont que des lignes et des surfaces.

La masse de ces voyageurs exotiques est fournie en grande partie par l'Anjou, la Touraine et le Berry, et débouche par tous les affluents de la Loire. Paris, comme d'usage, apporte aussi son contingent. Partant, vous comprenez la difficulté de décrire et de vous faire connaître les individus qui composent cette catégorie, formée de produits si divers. Cependant, il y a là des variétés d'espèces, sur lesquelles il est impossible de se tromper ; par exemple, ces familles d'honnêtes Tourangeaux, si blancs, si bien marqués du type de leur province, tous coiffés des plus drôles de casquettes, logés dans les plus curieux costumes de campagne, meublés de tout ce que peut fournir l'industrie pour se garer contre le chaud, contre le froid, contre la pluie, contre le vent; vous les reconnaîtrez entre mille. Voyez comme leurs figures s'épanouissent naïvement à la vue de tous les objets nouveaux pour eux! et si au milieu de la troupe quelqu'un se trouve déja au courant des choses maritimes, comme on écoute ses explications, les détails qu'il donne! comme tout cela se groupe sur le bord du bateau attentif et heureux. Ils ont pris leur voyage au sérieux, les braves gens, ils perçoivent leurs sensations sans songer à les analyser, et ne se croient pas obligés d'être en garde contre tout ce qui peut leur sembler plaisir. Eh! bien, il y a jouissance à faire route avec des gens comme cela, c'est plus amusant que ces amateurs qui ont tout vu, qui ont des comparaisons à faire sur tout ce que vous leur montrez. Le fleuve est boueux, la rive est triste, la cuisine est mauvaise, les bateaux du Hâvre ou de la Méditerranée sont bien autrement beaux et confortables! Eh! Messieurs, ceux qui ont vu n'ont rien à apprendre de vous, laissez aux autres leurs illusions.

La seconde catégorie se compose des voyageurs indigènes, et peut encore se subdiviser en deux classes, les voyageurs Nantais et les riverains proprement dits. La nuance entre eux est délicate, cependant vous pourrez observer chez les premiers quelque chose de plus gourmet, de plus aristocratique que vous ne trouvez pas chez ceux qui végètent dans les cantons ruraux.

Il serait assez difficile de vous indiquer exactement qui, sur le bateau, appartient au département, qui lui est étranger, mais vous pouvez affirmer sauf de rares exceptions, que ceux qui déjeunent pendant la traversée viennent de loin ou habitent du moins les cantons les plus éloignés; ceux-ci sont généralement bruyants à table, faiseurs de farces et diseurs de gros mots. Les autres ont la réserve des gens habitués à vivre au milieu d'un monde où chacun se tient sur ses gardes et où l'on se croirait ridicule d'avoir l'air de s'amuser.

En somme ces deux premières catégories ont des caractères peu prononcés, et je vous les indique uniquement pour me conformer à la marche actuelle de la science qui procède par subdivisions à l'infini.

La troisième a les traits beaucoup plus accentués, elle se forme des marins. Vous les reconnaissez facilement à leur teint bronzé par le soleil des tropiques, à l'air grave que donne l'habitude du commandement et des dangers, enfin à je ne sais quoi dans la physionomie que vous ne trouverez jamais chez les hommes qui sont forcés dans la vie sociale à comprimer l'expression des passions qui les agitent. Ils ont encore une habitude qui tient à leur état et qui nous les indiquera de suite, c'est de se promener continuellement sur le pont.

Vous ne trouverez plus que bien rarement parmi eux, ces types de marins de comédie ou de romans maritimes, jureurs, chiqueurs, buveurs ; nos officiers aujourd'hui ne jurent que modérément, s'ils chiquent vous n'apercevez chez eux aucune de ces saillies de la machoire qui indiquent le véritable amateur, et c'est avec toute la propreté convenable qu'ils expectorent le jus piquant de la feuille qu'ils mâchent. Quant à boire, c'est un défaut qui n'est pas plus commun parmi eux, que dans toute autre profession.

En général, sur le bateau à vapeur, les marins ne lient conversation qu'entre eux, et comme ils y trouvent toujours de nombreuses connaissances, ils n'éprouvent pas le vide des autres passagers. C'est dommage cependant qu'ils ne soient pas un peu plus communicatifs, car rien n'est plus amusant que leurs causeries. Ils ont beaucoup vu, et leur mémoire est meublée d'une foule d'anecdotes qu'ils racontent dans un langage pittoresque et imagé qui n'appartient qu'à eux seuls.

Depuis quelques années les progrès de la philanthropie et surtout la législation sur la traite, ont fait disparaître une classe de marins bien certainement les plus marqués d'originalité. Hommes intrépides et audacieux, vivant au milieu de dangers continuels, et dont les mœurs, les idées, le langage même se composaient d'un amalgame qui représentait assez exactement les différents degrés de civilisation avec lesquels leur existence aventureuse les mettait en contact ; je veux parler des capitaines négriers. Que de bons quarts d'heure j'ai passés quelquefois sur le pont du bateau à les écouter parler entr'eux de leur étrange commerce et des incidents de leur navigation! car de tout cela l'on parlait tout haut et sans se gêner, même en présence des hommes chargés de réprimer ce trafic.

Je me suis toujours souvenu d'une fort drôle de conversation dont je fus témoin dans une traversée de Nantes à Paimbœuf. L'un de ces capitaines racontait tout naïvement comment à son départ de la côte d'Afrique il avait embarqué à son bord une jeune négresse de

16 à 17 ans, parfaite de formes et de beauté dans son genre. La malheureuse enfant n'avait pu supporter de quitter sa patrie, sa mère, un amant peut-être. Le désespoir s'était emparé d'elle, mais un désespoir sombre, sans cris, sans plaintes, l'infortunée voulait mourir, elle ne mangeait plus. F..... ce n'était pas mon affaire, disait mon négrier, une négresse de 500 piastres ! Je la fis venir à la chambre, je lui jouai de la flûte, je voulus la faire danser, j'employai tous les moyens pour l'égayer et la décider à manger, tout fut inutile. Les jours suivants je changeai de méthode, je lui fis appliquer tous les matins vingt coups de fouet sur le derrière ; rien n'y fit, et un jour qu'on la reconduisait à l'entrepont, elle sauta sur le bastingage et de là à la mer avant qu'on pût l'en empêcher.

Tout cela se racontait sans réflexions, sans émotion ; notre capitaine ne paraissait même pas se défier qu'on pût trouver là, rien de triste que la perte de ses 500 piastres. Un de nos compagnons de voyage ne put résister à son indignation, c'était la première fois qu'il entendait lui, de semblables discours, la première fois qu'il se trouvait face à face avec un marchand de chair humaine. Son éloquence se ressentit des émotions de la circonstance, il parla comme auraient pu le faire les Wilberforce, les Tracy, les Broglie, avec une énergie, une chaleur de conviction vraiment remarquables, nous en étions tous émus. Le négrier seul impassible, tenait sous ses épais sourcils son œil noir fixé sur l'orateur. Et quand il eut fini, Monsieur, dit-il, j'ai lu tout cela, tout cela peut être fort beau, mais je n'ai qu'une chose à dire à ces b..... là, pourquoi êtes-vous nègres? Et lorsque son interlocuteur se fut évertué de nouveau à lui démontrer que la couleur n'y faisait rien, et que la barbarie était la même exercée sur une peau noire que sur une peau blanche, il n'en obtint pas d'autre réponse : Je n'ai qu'une chose à dire à ces b.... . là, pourquoi êtes-vous nègres? Et rien ne put le faire renoncer à son argument.

Et au fait, cette logique n'est-elle pas d'usage général? je te tue parce que tu es Prussien, Anglais, Français, Arabe ; je te persécute parce que tu es chrétien, catholique, juif, protestant, musulman, déiste, parce que tu es royaliste, républicain, juste-milieu ! On ajoute bien par-ci, par-là, quelques embellissements de détail, mais le fond du raisonnement reste exactement le même : pourquoi es-tu nègre ?

La question de philanthropie mise de côté, j'avoue que c'est une des choses qui m'attachent le plus dans les conversations des marins, que les détails sur cette race noire, si énergique et si naïve à la fois dans ses mœurs, ses passions et son langage ; que tout ce qu'ils ont à nous dire de ces hommes lorsque leur barbare civilisation a été mise en contact avec la nôtre par l'esclavage ! Que de bonnes anecdotes ! J'ai ri bien des fois et de bien bon cœur en entendant un vieux loup de mer de mes amis raconter les détails du catéchisme que faisait le père Boutin aux négrillons de Saint-Domingue. Qui ça faisé bon Dieu Jésus ? demandait le missionnaire à l'un de ses petits élèves. C'est papa à li, père Boutin !... Et toute l'instruction donnait lieu à des ré-

ponses de cette force que mon vieux cama-
rade nous rendait avec le comique le plus
curieux.

Il n'était pas moins plaisant quand il nous
disait : cette Madame V..., créole languissante,
appelant devant elle l'une de ses filles jeune
et jolie mulatresse. Marie - Louise , qui ça
trompé vous! moi voulé savoir. Et la petite
répondait en roulant son tablier entre ses
doigts , et son grand œil noir modestement
baissé : quand ça vous met pied dans la four-
millière, Madame, qui ça savait qui piqué
vous !

Un matelot me racontait un jour qu'il avait
porté à la Martinique une petite pacotille
d'habillements confectionnés à l'usage des
nègres. Il débitait sa marchandise sur la savane, lorsque se présenta un beau et grand
noir, aux formes souples et athlétiques, qui
lui marchanda un pantalon de coton. Combien
culotte là, M. Matrot? — Une gourde? — bien
cher, M. Matrot ! — Et le nègre, quittant son
vêtement pour celui qu'il convoitait, se regardait complaisamment , allongeait une jambe,

puis l'autre, se redressait tout fier, enflant les narines, puis, s'adressant au spéculateur, c'est vous dire une gourde pantalon là, M. Matrot? — Oui, une gourde. — M. Matrot, c'est vous connait courir? — Pardieu oui, et pourquoi? Eh! bien, courir donc..., et mon nègre d'arpenter la savane de toute la vitesse de ses jarets élastiques. Dans un instant, l'africain et le pantalon disparurent aux yeux du matelot ébahi, qui ne voulut pas jouer bras et jambes dans un straple chase avec un gaillard capable de le conduire au sommet des mornes les plus élevés.

Mais voila tous nos capitaines qui passent sur l'avant du bateau, la rade de Paimbœuf se découvre, et chacun salue son navire.

Paimbœuf est le point le plus haut de la rivière où puissent atteindre les navires de fort tonnage; ils y opèrent leur déchargement à bord d'allèges, et ne peuvent remonter jusqu'à Nantes que vides ou avec un simple lest. C'est à cet inconvénient de la Loire que Paimbœuf doit sa prospérité, son existence. Là, se font à peu près tous les approvisionnements des navires, là, enfin, se complettent les armements; aussi, à l'exception du petit état major de la sous-préfecture, des membres du tribunal et du parquet, à l'exception enfin de tout ce qui tient aux administrations, tout le monde à Paimbœuf a des rapports plus ou moins directs avec la marine. Vieux capitaines et vieux matelots hors de service, que vous rencontrez arpentant les quais et la chaussée à toutes les heures de marées; fournisseurs, courtiers, commissionnaires de toute espèce; tout le monde y vit de la navigation. Aussi Paimbœuf est-il une ville souverainement ennuyeuse pour quiconque est indifférent aux affaires des colonies, à l'arrivée et au départ des navires, texte à peu près unique des conversations des habitants de ce triste séjour.

On prétend que Paimbœuf tire son nom du château de Penochen, en breton tête de bœuf, sur les ruines duquel la ville est bâtie dit-on. Pour moi qui n'ai pas grand goût pour les étymologies, tirées aux cheveux, j'aime autant traduire Paimbœuf par ville où les marins achètent leur viande et leur pain, ce qui me semble tout à fait naturel.

L'origine de cette ville est peu ancienne, car ce n'est qu'en 1678 qu'elle fut érigée en paroisse, et vous n'y trouverez aucune construction antérieure à cette époque.

Il y a peu de temps encore les quais de Paimbœuf n'existaient pas, et le flot battait au pied de toutes les maisons dont la façade qui regardait le fleuve, offrait invariablement une galerie en bois et un escalier descendant sur les vases du rivage. Les méchantes langues prétendent que ces constructions avaient un but mercantile, et que les employés des fermes et gabelles étaient fort embarrassés d'empêcher les marchandises étrangères de pénétrer par là sans avoir acquitté les devoirs, quant eux-mêmes ne donnaient pas la main à monter les ballots. Mais vous savez combien on est méchant dans les petites villes !

En descendant à Saint-Nazaire, le bateau séjourne un instant à Paimbœuf, et si les côtelettes desséchées du cuisinier ambulant, ou ses beef-steaks fumés ne vous ont pas tenté,

vous avez encore le temps de faire un dé-
jeûner plus confortable. Voilà d'un côté *l'hôtel
Saint-Julien* où vous trouverez table ouverte
et passablement servie, je vous assure, depuis
le matin jusqu'au soir. A peine, naguères, y
étiez-vous assis, que le propriétaire, Méty,
Méty, en personne, arrivait portant une assiette
de petits pâtés excellents. Avec quel air de satisfaction, d'orgueil de lui-même, cet hon-
nête Helvétien vous présentait le produit industriel qui commença sa fortune! et il faut
avouer que sa pâte était parfaite. Qui n'eût
admiré cet homme dont la richesse, disait-
on, pouvait rivaliser avec les premières maisons de commerce, qui faisait des armements,
expédiait pour tous les points du globe, spé-
culait sur tout, dirigeait seul les affaires les
plus compliquées, et qui loin d'imiter ces aris-
tocrates d'argent que nous voyons si fiers des
sacs renfermés dans leurs caisses, si oublieux
des débuts de leur carrière, venait lui à
chaque instant, à chaque personne, dire comment il avait commencé, comment avec de la
conduite, de l'ordre, de la capacité, de la pro-

3*

bité, on acquiert la richesse, comment on se fait honorer dans quelque humble position qu'on ait pris son point de départ. Puissent ses successeurs avoir hérité de son bonheur, de sa philosophie et de la recette des petits pâtés.

Plus loin vous avez *l'hôtel de la Marine* bien tenu, bien servi, par d'honnêtes et braves gens qui continuent et améliorent l'industrie paternelle et mettent à même ceux qui ont connu l'établissement du père Josso de juger des progrès de la civilisation depuis trente ans.

Malheureusement c'est à la hâte que vous serez servi, c'est à la hâte que vous pourrez faire vos observations gastronomiques et philosophiques, car vous êtes à peine à table que déjà la cloche vous appelle au bateau qui part pour l'escale de Donges, la plus incommode de tout le parcours.

C'est un bourg fort ancien que Donges, quelques-uns prétendent même que c'était jadis une place fortifiée (*oppidum*), et en font remonter la fondation au IVe siècle, par Avisius, évêque de Nantes, ainsi que l'assure Albert de Morlaix.

En 1067 fut fondé le prieuré de Notre-Dame par Friold, vicomte de Donges.

En l'an de grâce 1125, Savary, seigneur régnant, Olivier, seigneur de Pont-Château et quelques autres mécréants, se laissèrent tenter par les richesses des moines de Saint-Sauveur de Redon, et ne se firent pas scrupule de piller leurs vassaux et de visiter l'abbaye elle-même. Conan III envoya contre eux des troupes qui les forcèrent à se réfugier dans l'église de l'abbaye, où ils tentèrent de se défendre, mais privés de vivres il fallut se rendre prisonniers. Par suite de cette diabolique escapade, le seigneur de Donges vit son château rasé par ordre du duc, et il put pendant deux années faire, sous les verroux du Bouffay, de fort utiles réflexions sur le respect dû aux propriétés du clergé.

Il existe aux environs de Donges plusieurs monuments druidiques. Vous en pouvez voir un, sur le bord de la Loire, qui sert de marque aux pilotes, la *Pierre de la Vacherie*.

A trois kilomètres environ du bourg, près la butte de Tesmes qui, dit-on, est elle-même un immense *tumulus*, se montrent les traces d'un ancien camp romain, et quelques *Dolmens* ou *Pulvens*.

A moitié route à peu près de Paimbœuf à Saint-Nazaire, vous trouverez la tour de Saint-Nicolas et l'îlot de ce nom sur lequel vous pouvez apercevoir quelques constructions inachevées, c'est un monument de l'inconstance administrative et de l'heureux emploi que l'on fait souvent des deniers publics. Et au fait pourquoi ne les gaspillerait-on pas, pourquoi se gêner quand on possède une machine à battre monnaie qui fonctionne aussi bien que la nôtre ?

Il y a quelques années les esprits étaient à la contagion, on craignait la peste, la fièvre jaune, le choléra, que sais-je ? Un lazaret à l'usage de la Loire fut ordonné, avant de savoir trop même si la chose était praticable, sur l'île Saint-Nicolas. Mais le commerce qui s'inquiète peu des économies publiques, mais beaucoup de celles qu'il peut faire sur ses armements, ne donnait pas de repos, il lui fallait un lazaret dans la Loire, on le lui promit, et l'on commença à jeter quelques cent mille francs sur le petit îlot. Mais pendant que l'on élevait des barraques, que l'on battait des pieux, le vent changea. Des savants démontrèrent plus ou moins bien que la fièvre jaune, le choléra, la peste, ne sont pas contagieux, et qu'il est fort inutile et dispendieux en même temps, de se barricader contre leur invasion. Le commerce dressa l'oreille et trouva la nouvelle doctrine fort bonne, les convictions administratives furent ébranlées et l'on jugea à propos d'arrêter les travaux et de se borner aux établissements actuellement existant, jusqu'à voir s'il ne serait pas plus économique encore de lever toutes les barrières et de mettre en pratique, à cet égard, le principe de *laissez faire*, *laissez passer* aux dépens de qui il appartiendra.

Jadis, lorsqu'un navire passait devant Saint-Nicolas, l'équipage qui voyait à l'horizon la mer dont il allait affronter les périls, se découvrait et appelait par ses prières le secours et la protection célestes; au retour des longs voyages, c'était encore en arrivant à Saint-Nicolas que les matelots rendaient grâces au ciel des dangers évités. Les temps de foi et de naïves croyances sont passés, et aujourd'hui bien peu de vieux marins ont conservé cette pieuse tradition.

Je me souviens cependant d'un ancien patron de Saint-Nazaire, le père Thiery, qui ne manquait jamais de découvrir ses cheveux blancs, lorsque sa chaloupe arrivait à la hauteur de la tour. Mais ses patenôtres, sujet de railleries pour ses voyageurs incrédules, étaient toujours accompagnées de fort plaisantes interjections que faisaient jaillir les quolibets de l'équipage. *Pater noster...* Ah! voilà le père Thiery qui dit ses prières!... Tu les diras pas toi fils de p....! *qui es in cœlis, sanctificetur...* Ah! Thiery, ta culotte!... Je ne me souviens pas bien quelle anecdote circulait sur la perte qu'avait faite le vieux pilote de ce vêtement indispensable, dans des circonstances fort peu orthodoxes, mais toute allusion à ce fait mettait le bonhomme dans une violente exaspération, de sorte que son *Pater* et la Salutation Angélique s'achevaient au milieu des imprécations les plus énergiques et les plus ronflantes.

Eh bien! malgré ce burlesque mélange de dévotion et de grossièreté, je n'ai jamais entendu les patenôtres du père Thiery sans éprouver une profonde émotion; naissait-elle du contraste même? Étais-je saisi de cette grande idée de l'être suprême abaissant sa puissance jusqu'à s'occuper de la prière qui lui parvenait sous une telle forme? Étais-je ému de la pensée des dangers qui menaçaient cette faible barque et contre lesquels l'équipage se reconnaissait impuissant? Toujours est-il qu'aucune cérémonie religieuse ne m'a jamais plus fortement impressionné.

A partir de Saint-Nicolas commence à se découvrir l'embouchure de la Loire, marquée d'un côté par le bourg de Saint-Nazaire, dont l'église et le beau môle font un pittoresque effet à l'extrémité de la perspective, de l'autre par la pointe de Mindin et son petit fort, bien faible garantie contre les tentatives qui pourraient être faites de pénétrer dans l'intérieur du fleuve.

Saint-Nazaire n'offre rien de bien curieux aux voyageurs, ce n'est pas encore la mer que vous y trouvez, mais déja je ne sais quoi vous indique le voisinage de l'Océan ; l'air commence à s'imprégner de parties salines, et dans la population de cette bourgade de matelots et de pilotes, véritable nid de goëlands, tout vous annonce que vous arrivez sur un terrain nouveau, au milieu de mœurs bien distinctes de celles des départements de l'intérieur.

Ce point, à l'embouchure de la Loire, a dû avoir de tout temps une importance commerciale et militaire ; aussi, ne faut-il pas s'étonner de l'antiquité que la tradition attribue à ce bourg, qui se serait élevé, dit-on, sous la protection d'un château fort, fondé par Brutus, lieutenant de César. Toujours est-il qu'à peu de distance de Saint-Nazaire, l'on voit un très-ancien monument, druidique selon les uns, romain selon les autres qui s'appuient sur la découverte faite dans le voisinage de quelques armes et de médailles des empereurs Auguste, Claude, Néron et Vespasien

En 577, le château de Saint-Nazaire appartenait à Waroch ou Warech, comte de Vannes, le même qui, selon quelques érudits, donna son nom à Guérande.

Ce château existait encore en 1589, car on rapporte que le capitaine la Tremblaie, du parti du roi, fit mettre la tête de son gouverneur dans un bissac pour la présenter au prince de Dombes.

D'ici à quelques années, Saint Nazaire doit être appelé à de nouvelles destinées qui peuvent être bien brillantes. Depuis longtemps déjà le commerce de Nantes avait compris que pour conserver à la Loire ses relations coloniales, il fallait assurer aux navires qui font les grandes navigations, un port tranquille et commode, qui répondît aux exigences de notre marine marchande, en lui évitant le séjour sur des rades foraines et dangereuses, et le parcours d'une rivière sans profondeur.

Pour arriver à ce résultat, on crut qu'il suffirait d'une forte digue, se prolongeant de quelques cents mètres en avant de Saint-Nazaire. Cette digue a été construite, mais elle n'a pas produit les effets qu'on en attendait.

Tout naturellement, l'idée vint aussi d'un bassin à flot. Aucun emplacement ne pouvait être mieux choisi ; une plage magnifique à deux pas de la mer permettait cet établissement sans de trop grands frais. Des projets furent faits, mais aussitôt des prétentions rivales s'élevèrent de la part de Paimbœuf, menacé de voir lui échapper la station des navires qui fait sa seule richesse. D'un autre côté, tout le commerce secondaire de Nantes s'émut à l'idée de voir une cité nouvelle appelée dans un avenir prochain à une prospérité pareille à celle du Hâvre.

Par suite de toutes ces réclamations, on s'occupa d'études nouvelles sur la possibilité de placer le bassin à Paimbœuf, et d'un projet de creusement de la Loire, qui permettrait aux navires d'arriver jusqu'aux quais de Nantes.

Si l'on voulait un bassin, il était ridicule de songer à le placer à Paimbœuf, attendu que l'on restait ainsi exposé à tous les inconvénients de la navigation dans la partie basse du fleuve.

Quant au curage que l'on voulait opérer au moyen de bateaux dragueurs, c'était une mauvaise plaisanterie, ce système peut suffire momentanément au nettoiement de quelques passes, mais employé sur un parcours de douze lieues et dans une rivière qui atteint dans certains endroits une largeur de plus de quatre kilomètres, c'était le travail de Pénélope,

Pendant tous ces délais d'études et d'inquêtes, la nécessité d'un remède à l'état de choses se faisait de plus en plus sentir.

Vinrent ensuite les projets d'établissement des bateaux à vapeur transatlantiques. Nantes voulait avoir sa part du gâteau, et le gouvernement la lui a donnée; mais la conséquence immédiate de cette concession c'est la création d'un bassin, aussi cette affaire semble-t-elle rendue à maturité. Pour la faire éclore, il ne faut plus que de l'argent, et ce n'est pas chose facile à tirer des chambres, préoccu-=pées du déficit des budjets, des fortifications de Paris, des chemins de fer, etc., etc.

Mais tout cela n'est pas ce qui nous occupe ; songeons plutôt à nous assurer place pour le Croisic, dans l'un des nombreux véhicules, diligences, coucous, paniers, voitures à volonté dont les conducteurs, propriétaires, facteurs, viennent vous assaillir au débarquement.

Pendant qu'on charge les paquets, qu'on attelle vos rosses, vous avez le temps, si vous avez négligé de déjeuner à bord ou à Paimbœuf, de réparer cette omission.

A Saint-Nazaire vous trouvez deux hôtels, contre la tenue et la cuisine desquels certains voyageurs toujours mécontents se permettent de méchantes observations, comme si dans un pareil pays on pouvait obtenir à un franc cinquante centimes par repas, toutes les jouissances gastronomiques et le confortable des restaurants d'une ville de cent mille âmes; hôtels que nous qui avons souvenance du passé, nous admirons et dont nous bénissons les fondateurs, de l'heureuse idée qu'ils ont eue de songer à mettre fin au honteux état de choses qui, il y a quelques dixaines d'années ne laissait pas même au voyageur débarquant sur ce méchant rocher, l'espoir de trouver la classique soupe à l'oignon, l'omelette et un lit propre où se reposer.

Lorsque je me remémore l'époque peu éloignée où les bargers après vous avoir fait louvoyer pendant deux jours d'un bord à l'autre de la rivière, venaient vous jeter sur la rive boueuse de Saint-Nazaire, au milieu d'une population inhospitalière, qui n'avait pas même une gargotte de troisième ordre pour vous recevoir, je me sens saisi d'enthousiasme pour les merveilles actuelles et je souscrirais volontiers pour trois ou quatre statues à élever sur le musoir du môle, à l'inventeur des bâteaux à vapeur; à celui qui songea le premier à nous construire ce beau débarcadère; à Ferasse dont le Coq Hardi, indiqua le premier un gîte passable au voyageur égaré sur ce rivage et à son collégue de l'Hôtel des Voyageurs qui, s'il n'a pas lui l'honneur de la création, a du moins apporté de notables améliorations aux détails de l'hospitalité moderne.

Le repas fini nous n'aurons rien de mieux à faire que de quitter Saint-Nazaire au plus vite, et nous voilà empaquetés tant bien que mal dans une voiture et roulant vers le Croisic, sur une route magnifique, je parle de la chaussée, car le paysage est fort insignifiant jusque à Escoublac, petit bourg qui mérite une mention particulière.

Escoublac était jadis assis un peu plus près de la mer, là où s'élève cette énorme masse de sable qui couvre encore aujourd'hui jusqu'au coq de l'antique clocher. Cet envahissement s'est-il fait brusquement ou par une marche lente et progressive des sables jetés sur le rivage par les courants de la Loire, je n'en sais rien. Il a convenu à Ernest Fouinet, dans son roman intitulé *Sous les Sables*, de faire tout disparaître en une seule nuit, au milieu d'une épouvantable tempête; c'est un droit qu'il avait. Pour les détails, consultez le livre, si vous le jugez à propos.

Tout ce que j'ai à vous dire moi, c'est que si vous voulez jouir d'un magnifique point de vue, arrêtez-vous un instant à Escoublac, gagnez le sommet de la dune, et vous avouerez que vous avez rarement trouvé dans vos pérégrinations rien d'aussi beau, d'aussi grand, rien qui soit empreint de plus d'originalité naturelle.

A vos pieds se déroule une immense falaise brûlante et déserte, que borne d'un côté l'Océan, de l'autre, la petite ville du Pouliguen, dont les établissements industriels servent de contraste à cette nature sauvage. A partir de cette limite jusqu'au dernier plan du paysage que termine encore la mer, s'étend la vaste plaine des marais salants de Batz et de Guérande, où se jouent les rayons du soleil réfletés par les blancs mulons de sel, qui s'élèvent de toutes parts, comme les tentes d'un camp immense, dominé par les masses imposantes des tours de Batz et du Croisic.

D'Escoublac à Guérande la route suit la crête du coteau et vous permet de jouir pendant plus d'une lieue de cette magnifique perspective que l'Océan encadre de tous côtés d'une baguette d'or et d'azur.

Guérande vous offre quelque chose de curieux en son genre, c'est une ville pur moyen âge, avec sa chemise de pierre, ses créneaux, ses tourelles, ses machicoulis et ce qu'il y a peut-être de plus remarquable, une population partagée encore en trois ordres : le clergé, la noblesse et le tiers.

On comprend en voyant la position de Guérande, qui domine toute la côte qui sépare la Loire de la Vilaine, que cette ville a dû jouer un rôle important dans l'histoire de la Bretagne.

En 470, les Romains pour mettre le pays voisin à l'abri des excursions des Saxons qui occupaient l'île de Batz, y firent construire une forteresse à laquelle ils donnèrent le nom de Grannone, d'où le nom de Guérande, selon les uns, les autres le font dériver de Warech ou Guerech 1er, comte de Vannes, qui y faisait ordinairement son séjour.

Guérande tire une certaine vanité d'avoir été vers 855, le siége d'un petit diocèse de contrebande, qui fut occupé par un certain Gislard, d'abord pourvu de l'évêché de Nantes, par Nominoë, puis chassé par son successeur Eurispoë. C'est avec orgueil que les naturels vous racontent que dans l'église de Saint-Aubin, on voyait encore, il y a peu d'années, des crosses et des mitres sculptées sur les murailles, et des évêques peints sur les vitraux, et qu'ils vous font remarquer cette tribune extérieure qui occupe l'angle du nord-ouest de l'édifice et domine la place, petit monument que l'on baptise du nom de chaire épiscopale et qui du reste mérite réellement l'attention de l'antiquaire et de l'archéologue.

Cette église de Saint-Aubin fut bâtie en 857, par Salomon. Je voudrais bien pouvoir vous dire à qui est dû ce superbe pigeonnier avec ses fenêtres vertes qui figure sur cette masse de granit, comme un bonnet de coton sur la tête d'un preux chevalier, mais personne n'en réclame la gloire.

Saint-Aubin fut en 1342, le théâtre d'une épouvantable scène de carnage. Louis d'Espagne qui tenait le parti de Charles de Blois,

4

contre le comte de Monfort, ayant débarqué au Croisic avec une troupe nombreuse d'aventuriers espagnols et génois, vint attaquer Guérande, qu'il emporta d'assaut. La ville livrée à la merci d'une soldatesque effrénée fut pillée et les habitants passés au fil de l'épée. Une multitude considérable s'était réfugiée dans l'église de Saint-Aubin, comptant trouver un asyle dans la sainteté du lieu. Vain espoir! les vainqueurs y mettent le feu et tout ce qui échappe aux flammes tombe sous le fer, qui frappe sans distinction de sexe ni d'âge.

Guérande fut de nouveau assiégée et prise par Bertrand Duguesclin en 1373.

Elle fut plus heureuse en 1379, lorsque Olivier de Clisson vint l'attaquer, la ville fut vaillamment défendue et le siége levé.

Ce fut à Guérande, dans l'église de Notre-Dame-de-la-Blanche, ce vieil édifice qui sert aujourd'hui de remise et que vous voyez en sortant de l'hôtel des Guérandaises, que fut signé, après la bataille d'Auray, le fameux traité qui assura à Jean de Monfort, la possession du duché de Bretagne.

Ce fut à Guérande aussi où elle s'était re-
tirée après la mort du duc François II, son
père, que la duchesse Anne reçut les ambas-
sadeurs de Charles VIII qui venaient la com-
plimenter et lui porter l'assurance que les
traités d'amitié entre la France et la Bretagne
seraient religieusement observés.

Je crois qu'il est bien entendu entre nous
que je ne vous écrirai pas l'histoire de chaque
ville que nous visitons, et ainsi nous n'éten-
drons pas davantage nos discours sur Guérande, et nous passerons sous silence quelques
siéges encore, y compris celui de 1815, où ses
murailles défendues par quelques soldats et
des douaniers, résistèrent aux attaques de
l'armée de paysans, commandée par M. Ducambour de Coislin. Cet épisode avait son côté
plaisant, il y a quelques 30 ans, mais tout cela
est sans intérêt aujourd'hui.

De Guérande au Croisic vous suiviez il y a
peu de temps encore une route assez belle
jusque au bas du coteau, mais à partir de là,
traversant une falaise où les chevaux refu-
saient, et où plus souvent les voyageurs étaient

forcés de mettre pied à terre, trop heureux encore si on ne leur mettait pas leurs malles sur le dos. Pour comble d'agrément, cette route n'arrivait pas au Croisic même, mais à la pointe de Penbron où vous aviez à subir les retards d'un passager négligent, et la traversée d'un petit bras de mer.

Aujourd'hui une belle voie départementale part de Guérande à travers les marais salants, et vous êtes au moins sûr d'arriver au gîte.

A une petite lieue de Guérande vous traversez le bourg de Saillé, célèbre principalement par la belle population qui l'habite. C'est Saillé qui fournit en grande partie les belles et fortes filles connues sous le nom de *culs salés* je vous demande pardon de l'expression, mais je ne vois pas pourquoi la plume serait plus bégueule que la parole.

Saillé a aussi ses petits souvenirs historiques; c'est dans son église que fut célébré le 11 septembre 1396, le mariage de Jean IV avec Jeanne de Navarre, vous pouvez voir la représentation de cette cérémonie figurée dans un tableau fort cocasse qui fait l'orgueil et l'admiration des braves habitants du bourg.

En sortant de Saillé la route s'enfonce dans les marais sallants, immense manufacture de produits chimiques dont je vous conseille de suivre les curieux détails pendant votre séjour dans le pays. Vous verrez, j'en suis sûr, avec intérêt comment l'eau reçue d'abord dans les vastes réservoirs, appelés vasières, passe successivement dans toutes les appartenances pour arriver enfin suffisamment saturée à l'œillet où la cristallisation s'opère par l'action du soleil et de la chaleur atmosphérique.

A la surface de l'eau se forme une crême de petits cristaux, c'est le sel blanc ou de table que recueillent les femmes et qui leur appartient pour leur part de travail dans l'exploitation.

Au fond de l'œillet se cristalise le gros sel que le paludier sait amener sans mélange du fond au moyen d'un instrument appelé *las,* espèce de rateau sans dents et à manche long et flexible qu'il manie avec une remarquable légèreté.

Après avoir observé la culture des marais,

4*

il ne sera pas, sans quelque plaisir aussi pour vous, d'observer les hommes qui s'en occupent spécialement.

Les Paludiers, je parle principalement de ceux de Batz et des villages voisins, car dans les autres cantons la pureté du sang s'est un peu altérée, les paludiers descendants, dit-on, de ces terribles Saxons qui, au IVe siècle envahirent les côtes de l'Armorique, et qui, pour la commodité de leurs excursions dans la Loire et dans la Vilaine, avaient établi un pied à terre dans l'île de Batz, sont une race d'hommes toute à part, dont la physionomie, les mœurs, les cérémonies sont empreintes de quelque chose d'antique et d'original qui mé-rite réellement l'attention du voyageur.

N'est-ce pas vraiment une bonne fortune, dans un siècle où le rapide frottement de l'action sociale a fait disparaître toutes les individualités, de rencontrer une population vierge encore de ce que nous appelons la civilisation, et qui a traversé les siècles sans mélange extérieur, conservant religieusement ses idées, ses traditions, son costume, son langage même!

Mais hâtez vous, car la révolution qui doit emporter tout cela, galope déjà avec nous sur cette route ouverte depuis peu. Hâtez vous si vous voulez voir leurs fêtes nuptiales et tous les détails d'étiquette qui accompagnent la remise de l'épousée, le double festin des noces, car les deux familles tiennent table à part; la prise de possession du ménage où l'on chante la vieille chanson bretonne de la mariée ! Si vous voulez voir aussi leurs convois funèbre auxquels les costumes des hommes et des femmes donnent une physionomie de gravité si remarquable, le retour du deuil à la maison mortuaire, la prière dans la chambre du défunt et le repas ou birouet qui termine la cérémonie.

Au bourg de Batz vous avez encore à visiter les ruines de la chapelle de Notre-Dame-du Murier, dont quelques uns font remonter la fondation jusqu'au Xme siècle, tandis que d'autres la placent au XIVme, mais dont tous s'accordent à vanter l'élégante simplicité.

Tout à côté vous pourrez remarquer aussi quelques restes de l'ancien prieuré, fondé en

945, par Alain Barbe Torte, dont la charte de fondation stipule que les religieux logeront et hébergeront les voyageurs qui réclameront leur hospitalité. Malheureusement au bourg de Batz, les temps modernes n'ont rien mis à la place de ce philanthropique établissement, aussi nous en partirons pour le Croisic après avoir toutefois jeté un coup d'œil sur l'église paroissiale (Saint-Guignolet), qui sous le rapport de l'art n'offre rien de bien curieux, si ce n'est l'une des clefs de voûte, représentant les sept péchés capitaux, et cette différence entre l'axe de la nef et celui du sanctuaire, par laquelle les pieux architectes du moyen âge, figuraient l'inclinaison de la tête du Sauveur sur la croix.

Pendant la dernière saison des bains, je suivais en société de l'une des notabilités poëtiques de notre époque, cette route ouverte depuis peu de temps, de Batz au Croisic, et je n'avais d'étonnement que pour ce Mac Adam civilisateur, qui faisait enfin rentrer dans la communion sociale ce territoire naguères encore parqué au-dehors du monde policé, au

milieu de marais fangeux et de falaises im-
praticables aux voitures. Je ne voyais, je vous
l'avoue, dans ces tristes dunes, dans l'unifor-
mité de cette mer sans limites, dans cet oasis
à verdure douteuse de la presqu'île du Croisic,
rien que de très prosaïque. Mon compagnon
y voyait, ma foi! bien autre chose lui. Lâchant
la bride à son imagination; la mer tour-à-tour
s'agitait au souffle de la tempête, ou balançait
mollement ses vagues sous l'haleine des zé-
phirs; tantôt elle s'animait des mille voiles
de la flotte de César, marchant à la conquête de
la cité des fiers Vénètes; tantôt à l'horizon ap-
paraissait le vaisseau égaré du chevalier breton
qui, cherchant au retour de la Terre Sainte,
les rivages aimés de son rude pays, vota cette
jolie chapelle de Notre-Dame-du-Murier, dont
nous venons de voir les ruines, à la vierge
protectrice qui fit tout-à-coup apparaître à
ses yeux cette tour de Batz si connue des
pilotes et des matelots. Puis le vent faisait
tourbillonner les sables en nuages épais, et
bientôt le bourg et son clocher disparaissaient
sous cette épouvantable avalanche. Devant

nous, autour de cette pierre qui couronne le point le plus élevé de la terre du Croisic, tournoyaient dans une ronde impossible à décrire, les lascives prêtresses d'Hirmen ; ces mâts qui s'élèvent dans le port, c'étaient les vaisseaux saxons ou normands, chargés des riches dépouilles de Nantes ou de l'abbaye de Redon.

Ma foi ! j'écoutais, j'ouvrais les yeux, j'admirais ce don de seconde création qu'a reçu le poëte, et j'étais presque honteux de voir comme je voyais ; mais bientôt je pris ma revanche, nous roulions sur le port du Croisic, les saxons, les normands, excepté ceux de Dieppe ou de Granville, avaient disparu leurs vaisseaux dévastateurs avaient fait place à des navires, sur le pont desquels le sel se mesurait sous la méticuleuse surveillance des agents du fisc, cherchant là comme partout et toujours à faire rendre à l'impôt tout ce qu'il peut rendre et quelque peu au-delà. La sardine se déchargeait des bateaux de pêche et s'entassait toujours avec l'intervention du douanier, dans les paniers de l'infatigable

saunier ; les naturels se mettaient aux fenêtres
pour juger de ce que leur apportait le coche,
et le galop de nos rosses soutenu des claque-
ments réitérés du fouet du postillon annon-
çait l'écurie. Malgré ces symptômes de réa-
lités, mon homme paraissait vouloir continuer
ses odes. Allons, allons, descendons de l'em-
pyré, mon brave poëte, songeons plutôt à
chercher un gîte ; tenez au Croisic le choix
n'est pas très difficile, vous avez..... Si vous
voulez permettre lecteur, pour m'éviter plus
tard une transition que j'aurais peut-être peine
à trouver, je vais continuer avec vous cette
conversation de l'an dernier. Je disais donc
qu'au Croisic, le choix d'un hôtel n'est pas
trop embarrassant ; vous avez d'une part l'hôtel
de *l'Europe*, de l'autre celui *des Étrangers*,
Vous dire où vous devez faire porter votre
mecum omnia, vous ne l'espérez pas, car je
ne veux faire la réclame pour personne, ni
nuire à quelque industriel que ce soit au
monde.

Si vous adoptez l'hôtel de l'Europe, vous
pourrez juger de suite et l'exemple à l'appui

de l'honnêteté publique et des mœurs commerciales de ce petit pays. Cet hôtelier si empressé, si heureux de vous voir achalander son établissement, qui souffre avec tant de philosophie, tout ce qu'à de pénible, le contact avec le public payant, eh bien! il y a peu d'années, il ne donnait à dîner qu'à ses amis, sa fortune allait de pair avec celle des plus huppés de l'endroit, sa patente était de première classe, et l'écharpe municipale ceignait ses reins. Bientôt des pertes, des spéculations malheureuses, détruisirent tout ce bonheur; les dettes s'accumulèrent et la ruine fut imminente. Partout ailleurs une bonne petite faillite (quelques unes vont même jusqu'à la banqueroute pour rendre la chose plus fructueuse) eut rétabli l'équilibre aux dépens des créanciers. Ici l'idée n'en vint seulement pas ; tout le patrimoine héréditaire jusqu'à la dernière parcelle, fut abandonné, livré, et il ne resta plus au pauvre diable, que ses bras et je ne sais combien d'enfants.

Si malgré sa bonne volonté, Chédaneau ne réussissait pas à vous satisfaire complètement, pensez à la position actuelle de cet homme comparé avec son passé, méditez sur la législation qui régit les faillites et montrez-vous indulgent et généreux, ami voyageur.

L'hôtel des Étrangers, Bertin, patissier traiteur, a aussi sa légende domestique au service des amateurs de nouvelles et de romans, choisissez donc. Si vous préférez le logement en ville, rien n'est plus facile que de vous établir, et vous pourrez même observer quelque chose de curieux dans les relations qui s'établiront entre vous et vos hôtes. Dans peu de jours vous serez considéré comme appartenant à la famille, vous deviendrez sa chose, on tirera orgueil, vanité de vous, on se croira en quelque sorte l'éditeur responsable de votre personne, et vous exercerez sur tout ce monde un véritable patronage.

Maintenant que nous sommes logés, débottés, cirés, rasés, pensons à autre chose. Et d'abord du troupeau que je guide, une partie vient sans idée d'établissement permanent, et la voiture qui l'apporte aujourd'hui, demain la chargera pour une autre destination. Pour

5

ceux-là, il faut donc se hâter, examiner les points capitaux, prendre une notion sommaire des lieux, puis nous reviendrons à vous, baigneurs sédentaires, qui avez besoin de quelque chose de plus substantiel.

Avant tout il est bon que je vous mette un peu au courant de l'histoire du pays, car le Croisic a son histoire, je vous prie d'en être persuadé, et il n'en est pas peu fier.

Les doctes de l'endroit font remonter l'origine de la race à certaine colonie Samnite, variété d'amazones marines, qui mettant en pratique la théorie de la femme libre, n'admettaient les hommes au milieu d'elles qu'autant qu'il était nécessaire pour la perpétuation de l'espèce. Je me garderai bien de discuter les textes, plus ou moins clairs de Strabon et de ses commentateurs, car pourquoi ne pas admettre, sans trop d'examen, toutes ces légendes nationales qui poëtisent les premières époques des peuples et des villes, à qui cela peut-il nuire?

Ce qui paraît bien certain lorsqu'on a vu cette langue de terre, jadis entièrement sé-

parée du continent et placée en observation à
l'entrée de la Loire, c'est qu'elle dût être,
dès la plus haute antiquité, habitée par une
population de pêcheurs, de marins faisant le
commerce des sels et peut-être quelque peu
de piraterie, mâles ou femelles, je n'en sais
trop rien, mais probablement des deux sexes.

Plus tard cette île de Batz fut successivement visitée par les Bretons, les Saxons, les
Normands, et enfin par tout ce que les premiers siècles de la monarchie virent de bri-
gands cosmopolites, lesquels venaient ici
prendre langue avant de pénétrer dans la
Loire, et y revenaient encore, après le pillage,
partager à leur aise les dépouilles conquises.

Le contact de ces hardis vagabonds eut né-
cessairement de l'action sur le caractère des
habitants du Croisic qui, bientôt, se distin-
guèrent aussi par la hardiesse de leurs entre-
prises maritimes ; leur commerce et leur
marine prirent, vers le XIVe siècle, un développement, une importance vraiment remarquables pour l'époque, et les mirent à même
de jouer un petit rôle politique.

Leurs vaisseaux en 1487 sauvèrent des mains des Français, le duc François II, alors enfermé dans Vannes. Leur milice combattit encore pour sa défense lorsqu'il fut assiégé dans Nantes, et contribua plus tard à la reprise de Vannes.

Quatre navires Croisicais décidèrent la victoire dans un combat naval livré aux Anglais par l'amiral Primauguet sous la pointe de Saint-Mahé, d'autres navires prirent part aux expéditions faites en Irlande et en Écosse sous le règne de François Ier. Enfin, une série assez nombreuse de hauts faits maritimes leur méritèrent la faveur et les bonnes grâces des souverains de la Bretagne.

Le Croisic fut successivement doté par eux d'une foule de priviléges importants, au nombre desquels on comptait l'exemption de tailles et subsides, celle de toute garnison militaire, et enfin le droit de députation aux États de Bretagne.

Au XVIe siècle, cette petite ville prenait rang parmi les plus en renom du duché, et sa population qui n'atteint pas aujourd'hui 3,000 âmes, s'élevait alors à plus de 6,000. Dans les siècles suivants cette prospérité s'éclipsa peu à peu par un concours de circonstances tant politiques que locales, qu'il ne me semble pas bien nécessaire de vous déduire ici. Mais si vous tenez à en être instruit, si vous tenez à connaître toutes les vicissitudes de cette petite république, les ouvrages spéciaux ne vous manqueront pas, car quelques uns de ses citoyens ont recueilli tout ce qui reste de documents sur son ancien commerce, ses traditions municipales et autres choses fort intéressantes pour les naturels, et quelquefois pour l'étranger. (1).

Sachant quelle fut pendant des siècles la vie active et aventureuse de cette population qui ne connaissait que la mer, vous comprendrez facilement comment les idées sont restées ici quelque peu stationnaires ; vous comprendrez cet esprit d'indépendance et l'espèce de mépris de toutes les exigences administratives que l'on peut remarquer au Croisic, vous com-

(1) Voyez Notes sur le Croisic, à Nantes, chez E. Forest, quai de la Fosse, N° 2.

prendrez surtout cette rudesse de formes et de langage que l'on rencontre, même chez les gens les plus distingués du pays, par leur caractère et leur éducation. Ici le discours est fréquemment épicé de ces énergiques explétives, dont à l'intérieur on fait un si rare usage parmi les gens qui se disent bien élevés, en un mot, on jure beaucoup. Pour moi, je vous l'avoue franchement, cette habitude ne me choque pas trop ; le juron, lorsqu'il arrive d'inspiration, et qu'il a quelque originalité, surtout lorsqu'il varie de ton et d'expression, me semble une chose bonne en son lieu, et que l'on néglige peut-être un peu trop par fausse pruderie. La phrase en tire une force, une énergie toute particulière, et dans certaines circonstances une éjaculation vive et sonore venant s'ajouter à un raisonnement nerveux et serré, lui donne une toute autre physionomie, et produit quelquefois sur les masses un effet qu'on attendrait vainement de la logique seule.

Les maîtres de l'art, les orateurs de l'antiquité, avaient compris l'action du juron sur les assemblées populaires, aussi voyez quel fréquent usage ils en faisaient, car qu'est-ce autre chose que les μα δια, μα τῆρακλεα, Herclè, Edepol, *per Jovem*, etc. etc.,

Tenez, voici une petite anecdote locale qui prouve que l'effet est souvent le même sur les individus isolés que sur les masses :

En 1793, pendant que Carrier exerçait à Nantes, son terrible proconsulat, la municipalité du Croisic qui, au milieu des événements que fit surgir la lutte des Girondins et de la Montagne, avait, à ce qu'il paraît, voulu voir venir, fut, malgré toutes les preuves qu'elle avait données de son civisme et ses déclarations d'attachement à l'unité et l'indivisibilité de la république, fut, dis-je, soupçonnée de fédéralisme, et ses membres invités à venir s'en expliquer, en personne, par devant l'inventeur des bateaux à soupape. Vous pouvez juger si le voyage de Nantes au Croisic, leur sembla récréatif à eux.

Mais il n'y avait pas à dire, malgré les difficultés de la route, malgré le peu de plaisir que l'on se promettait des suites de l'invitation, malgré le doute où l'on était de revenir chez soi porteur encore de sa tête, il fallut partir.

La tradition rapporte que les municipaux, quelques efforts qu'ils fissent, ne réussirent que très-imparfaitement à se donner l'assurance nécessaire pour affronter la vue du monstre, et qu'au moment de l'introduction dans la tanière, personne n'était plus en état de prendre en main la défense du corps attaqué.

Pendant l'allocution violente de Carrier, qui les accueillit à leur entrée, tous tremblaient et d'aucuns jetaient de temps en temps un coup d'œil de convoitise vers la porte. Cette défense muette menaçait d'un fatal résultat, et le dénouement approchait sans que personne trouvât force pour essayer de l'éviter. Carrier s'animant encore de l'engourdissement où étaient plongés ses patients, les accablait de toute sa colère patriotique: vous n'êtes que des fanatiques, s'écria-t-il enfin, des Brissotins, vous avez médité la ruine de la république, la mort des patriotes, vous êtes des lâches!... des lâches!... ce mot sauva la députation. Le père Villeroi, peu endurant de sa nature, sortit enfin de sa torpeur, plus vivement stimulé encore par l'injure que par l'idée de la guillotine qui le torturait comme les autres depuis trois jours. Qu'appelles-tu lâches, Jean f...!.! s'écria-t-il, tout-à-coup, d'une voix à faire trembler les vitres, lâches! des b...... qui ont fait vingt campagnes, des b...... qui ont vu vingt combats! des b...... comme la république n'en a pas trop, et qui valent mieux que toi, des b...... par ci, des b...... par là, et voilà mon vieux républicain lancé qui débite toute la kyrielle de ses déclamations civiques avec accompagnement de tout son répertoire de jurements, et si l'on en croit la tradition locale, il n'était pas mal volumineux.

Vous pouvez juger de l'effet de cette éloquence sur ses collègues; la tête leur tremblait sur les épaules, et certains éprouvaient, dit-on, cette réaction des sensations morales sur le tube digestif observé dans plusieurs cas analogues.

Carrier éprouva lui, l'effet que produit sur

la maladie l'emploi de quelques remèdes homéopathiques; la colère, la fureur s'apaisèrent par l'emploi des moyens propres à les faire naître. Je vois qu'on m'a trompé citoyens, s'écria-t-il en s'avançant vers l'orateur et lui donnant l'accolade fraternelle, vous êtes de bons républicains. F.... moi le camp, retournez dans votre commune et vive la république!

On ne se le fit pas dire deux fois. Je vous assure, et sans s'inquiéter des vents et de la marée, la députation s'embarqua et vîte, croyant avoir à ses trousses toute la compagnie Marat.

Mais laissons là les anecdotes, et occupons nous de voir.

Vous avez quelques soupçons que les anciens habitants de ce pays n'ont pas semé le sol de monuments précieux, et que ce n'est pas ici que vous devez chercher les débris de l'art des vieux siècles; aussi vous ne serez pas étonnés de la rude architecture de l'église paroissiale, monument de la piété des Croisicais, bien plutôt que du génie de leurs architectes. Cette église fut construite en 1494, à l'aide des offrandes des fidèles et d'un droit d'octroi sur les vins. Elle était dans le principe surmontée d'un clocher en bois qui, plus tard, fut remplacé par un dôme en pierre, qui, par parenthèse, pose sur la galerie d'une manière pas trop régulière.

Demandez au sacristain la clef de la tour et montez sur cette galerie, vous y jouirez de la vue d'un panorama qui a bien son mérite ; d'abord le coup d'œil intérieur de toutes ces petites habitations et de leurs jardins vous plaira comme étude de mœurs, car la vie d'un peuple se réflète dans la distribution intime de ses logis.

Puis jetez les yeux sur ce vaste horizon que la mer borne à peu près de tous côtés. Au nord, voilà la pointe du grand mont et le couvent de Saint-Gildas de Rhuis, célèbre par le séjour qu'y fit Abeilard après son accident. Là sur ce promontoire isolé et battu de la tempête, le savant et trop sensible professeur méditait au milieu de moines ignorants, grossiers et barbares sur la vanité de l'amour et de la métaphysique, et la tristesse de son âme s'est reflétée jusqu'à nous dans quelques lettres curieuses que je vous engage à lire.

Un peu à droite vers le nord-ouest, vous apercevez les îles d'Hédic et de Houat, petites républiques théocratiques, dont les usages et les mœurs fourniraient un bien curieux volume, et que quelques uns de nos chercheurs d'impressions de voyages, qui ne savent plus trop où aller pour trouver du nouveau, devraient bien visiter.

En avant de ces îles, voilà le phare du Four qui indique aux navigateurs la vaste chaîne de rochers, dont l'extrémité sud, est marquée par cette autre tour placée sur la Banche.

A l'ouest, se découvre dans les beaux jours, Belle-Ile, dont à l'aide d'une bonne longue vue et par un temps clair, vous pouvez malgré la distance de près de dix lieues, découvrir quelques détails, les moulins et les habitations situés sur les points élevés de la côte.

De l'ouest au sud la mer n'a plus de limites que les rivages de l'Amérique, c'est à la lettre le vaste océan.

Au sud voilà le Pilier et son phare dont la

lumière se croise avec celle des tours du Four, du Commerce et d'Aiguillon, pour indiquer d'une manière certaine l'entrée de la Loire. À peu près dans la même direction, si le ciel est pur, vous distinguerez Noirmoutiers, puis la Pointe de Saint-Gildas.

Tout ce tableau est animé par une multitude de navires et de barques à voiles rouges et blanches, qui font la pêche de la sardine dans la baie du Croisic et dans le canal compris entre la terre et les rochers du Four et de la Banche.

Maintenant revenez au rivage, au N. O., cette petite chapelle que la mer quelquefois atteint de ses vagues, c'est Saint-Goustan, le plus ancien monument de la piété croisicaise. Des savants font remonter sa construction au VIIe siècle, ce qui est un peu hardi; d'autres ne vont que jusqu'au XIe, ce qui s'accorde mieux avec la tradition locale et le vocable sous lequel cette chapelle est placée.

Saint-Goustan était moine de ce monastère de Saint-Gildas, dont je vous parlais tout-à-l'heure, et chargé du soin des intérêts temporels de la communauté. Or, il arriva qu'un jour qu'il se rendait sur la rive droite de la Loire pour la perception de quelques rentes en retard, la barque qu'il montait fut surprise par l'une de ces tempêtes épouvantables qui menacent principalement les saints et les héros, et roulée par les lames, s'échoua sur la côte du Croisic. C'était alors le temps des incursions des Normands, les portes étaient closes de belle heure et les oreilles paresseuses aux sollicitations du voyageur ; pas un Philémon, pas une Baucis ne se présentèrent pour offrir l'abri de leur toît au saint homme, et force lui fut, malgré la bourrasque, de coucher à la belle étoile avec un rocher pour matelas.

Le lendemain le ciel était pur, la mer était calme, et Saint-Goustan avait repris son voyage, mais les barques de la bourgade inhospitalière jonchaient le rivage de leurs débris, et leurs propriétaires virent sur le granit qui s'était amolli au contact du saint, l'empreinte miraculeuse de sa chair, éternel témoignage de leur dureté.

Plus tard pour compensation de leur conduite brutale envers le saint vivant, les Croisicais voulurent élever une chapelle au saint mort. L'une des murailles en fut adossée au fameux rocher qui devait rester en dehors de l'édifice; mais l'homme propose et Dieu dispose, en vain s'obstinait-on dans cette idée, chaque nuit défaisait le travail de la journée, et le mur se trouvait au matin posé sur le milieu de la roche. Il fallut bien enfin se décider à l'y laisser.

Comme dans notre siècle sceptique les miracles ne s'acceptent pas sur parole, demandez au garde d'artillerie la clef de la chapelle (car le saint lieu est aujourd'hui entre les mains des philistins) et vous pourrez voir de vos yeux et toucher de vos mains. Que si vous croyez ensuite, allez à la fontaine voisine qui porte le nom du saint, faites y vos ablutions avec les nombreux pélerins qui la visitent, et si votre foi est vraiment sincère, vous y trouverez contre vos maux un plus sûr remède que dans les bains de mer. Vous saurez aussi, mesdames, que le pélerinage de Saint-

Goustan se fait pour cause de stérilité, et qu'on cite beaucoup d'exemples de l'efficacité de cette dévotion.

Enfin, les jeunes filles qui veulent savoir si elles se marieront dans l'année, doivent faire passer une épingle entre les rinceaux de l'ancienne fenêtre du nord. Si elle pénètre sans toucher la pierre, l'affaire est sûre, et vous pouvez, mademoiselle, commencer à filer votre chemise de noces.

Tout-à-fait à l'opposé de Saint-Goustan, vers le sud, cette autre chapelle, c'est le Crucifix, fondée au XVIe siècle. D'aucuns disent qu'elle ne fut que restaurée à cette époque, et que l'édifice primitif fut élevé en commémoration du baptême des Saxons, et au lieu-même où s'accomplit ce grand acte. Les femmes du Croisic y font des neuvaines pour obtenir du ciel des vents favorables à leurs maris absents.

Un peu vers la gauche, cette butte couronnée d'un bosquet, et que contournent quelques allées d'ormaux, c'est le Mont-Esprit, amas de lests apportés de toutes les

contrées de l'Europe par les navires qui viennent au Croisic chercher des sels. Du belvé-
dère qui termine cette promenade, la vue est
presque aussi belle que celle dont nous jouis-
sons du sommet de la tour.

Enfin, à côté de l'hospice civil, voilà un ancien couvent de capucins dont le P. Joseph,
ce puissant, quoique indigne confesseur du
cardinal de Richelieu, gratifia le Croisic en
commémoration du zèle de ses habitants pour
les intérêts de la religion.

C'est à peu près je crois, tout ce que j'ai à
vous signaler. Et cela fait, cher voyageur,
descendons si vous le voulez bien, et sépa-
rons-nous ; songez à votre dîner, à vous assurer une place dans quelque voiture, moi je
rejoins mes malades négligés un moment pour
vous.

Nous disons-donc, mesdames et messieurs,
que ces santés sont quelque peu endomma-
gées, et que vos médecins après avoir épuisé
sur vous tout leur formulaire pharmaceutique,
vous envoient aux bains de mer qui, dans tous
les cas, mettront leur responsabilité à couvert,

c'est fort bien. Vous, vous jouissez d'une gas-
trite, bains de mer ; vous c'est une céphalal-
gie, bains de mer ; névralgie, bains de mer ;
rhumatismes, dartres, goîtres, scrophules,
ennui, stérilité, bains de mer, c'est la panacée
universelle.

Ces messieurs ont dû vous dire aussi à
quelle heure, en quel nombre vous devez les
prendre, combien de minutes vous devez rester dans l'eau, qu'il pleuve, qu'il vente, qu'il
tonne, et vous allez exécuter tout cela à la
lettre, c'est encore mieux ! Mais avant de commencer le régime, voulez-vous me permettre
de vous dire aussi mon avis ? avis d'amateur,
car je dois vous le confesser, je n'ai pas le
droit d'ajouter à mon nom ces lettres cabalis-
tiques D. M. P. ou M. ou S. et je crains même
de m'attirer quelque procès pour exercice illé-
gal, mais je vous ai promis soins et conseils,
et je vous les donnerai.

D'abord je vous dirai franchement que je ne
crois guère à la vertu des bains de mer
(ex se).

Je poserai ensuite en principe que sur cent

malades, cinquante se portent bien, et que sur cent maladies attaquant des sujets pas trop hypothéqués, quatre-vingt-quinze au moins, car il ne faut être trop absolu, se guériront toutes seules; d'où l'on pourrait peut-être induire, que s'éloigner de son médecin, est une première condition de guérison.

J'aurai besoin enfin d'appeler votre attention sur les gens à qui d'ordinaire on conseille les bains de mer.

D'abord, ce n'est point aux pauvres, à ceux qui travaillent de leurs mains. Ceux-là souffrent et meurent où ils sont, ce qui me rappelle le mot d'un vieux farceur qui s'était établi pharmacien dans l'une de nos colonies. Un nègre un jour lui demandant certaine préparation : As-tu de quoi la payer, lui dit-il ? — Maître, moi payer vous tout de suite, quand moi guérir. — Ah! tu n'as pas d'argent, eh bien! pas de rhubarbe. — Maître, c'est moi donc fallait mourir? — On meurt partout, brigand, quand on n'a pas de quoi payer l'apothicaire, rengaigne ton ordonnance, et.... en route...

On n'envoie que bien rarement non plus
aux bains la petite propriété, ça coûte trop
cher, ni les gens livrés aux occupations in-
dustrielles et commerciales, ça perd trop de
temps.

Restent donc les riches, les oisifs, les employés d'administration qui peuvent obtenir
des congés sans perte d'appointements, les
juges, les avocats, les procureurs du roi, les
avoués en vacances; les députés fatigués de
ce qu'ils appellent les travaux de la session,
les épiciers retirés des affaires, et toujours
quelques anglais plus ou moins attaqués de
la maladie nationale.

Or, quel est le régime ordinaire de tous ces
gens-là? ils vivent peu au grand air, leur
existence se passe dans les salons, dans l'intérieur des bureaux, au milieu de l'atmos-
phère épaisse des villes, ils se couchent tard,
se lèvent tard aussi, leur nourriture est épicée,
compliquée, mixturée.

Si vous admettez comme moi ces faits et ces
principes, vous comprendrez facilement, je
l'espère, comment je m'explique l'action salu-

taire des bains de mer, et nous pourrons de suite nous occuper de la manière la plus avantageuse de les prendre.

Un exercice soutenu, même un peu forcé; un régime simple, respirer à pleins poumons matin et soir l'air si pur du rivage, toujours légèrement imprégné de parties salines qui donnent activité à la fibre et aux organes digestifs; l'immersion dans l'eau de mer, qui rafraîchit les tissus en les resserrant, voilà l'ordonnance à suivre. Surtout pas de bains systématiques, comptés et nombrés par jours et par minutes; mais ne vous mettre à l'eau que les jours où vous en éprouvez le désir, et en sortir aussitôt que le froid vous prend.

Si des règles générales nous passons aux détails d'application, voici mes conseils :

Vous vous levez de cinq à six heures. Le soleil brille déjà depuis longtemps, mais sa chaleur est tempérée par la brise du matin; c'est l'heure du départ des bateaux de pêche. Toute une petite flotte aux voiles diaprées de blanc, de rouge, de brun, se déploie dans le chenal ; allez jouir de ce coup-d'œil sur les montagnes du Lénigo et de l'Esprit , ou rendez-vous sur la chaussée du Tréhic , qui s'étend en mer de près d'un kilomètre. Sur les huit à neuf heures, si vous êtes en goût , plongez-vous dans cette eau si claire, si limpide, qui vous invite au bain ; puis, frais et de bon appétit, revenez au logis et faites vous servir ces huîtres succulentes dont le Croisic s'est enrichi depuis peu , ces sardines si fraîches , ces homards à la chair blanche et ferme. Faites votre sieste ensuite , lisez vos journaux , faites votre correspondance et vers les deux à trois heures , recommencez à parcourir les quais animés par le retour des bateaux , le mouvement commercial du port , l'entrée et la sortie des navires ; baignez-vous encore si le cœur vous en dit , et le dîner vous trouvera muni d'un nouvel appétit.

Le soir , à défaut de ces bals , de ces veillées qui vous échaufferaient et détruiraient l'effet salutaire du régime de la journée , allez vous asseoir au rivage , jouissez du spectacle de la lutte incessante de l'océan contre le grain de sable, que l'éternel lui posa pour limite; écoutez la mystérieuse harmonie de la vague, qui vient se briser sur le rocher ou s'épanouir sur la grève sablonneuse; rassasiez-vous du magnifique spectacle du soleil plongeant dans la mer qu'il enflamme de ses derniers rayons, auxquels succède bientôt le pâle scintillement des étoiles; et à dix heures, le cœur plein de grandes et douces pensées, les jambes bien fatiguées, et la digestion faite, gagnez votre lit, et je vous promets des songes dorés et le sommeil du juste.

Que si, pendant six semaines, vous suivez exactement mon ordonnance, en vérité, je vous le dis, vous regagnerez votre Anjou, votre Touraine, votre Paris, la peau bistrée, il est vrai, mais souple et ferme, l'estomac étamé et capable de digérer des lames de rasoirs, le corps vigoureux, dispos et susceptible de résister d'ici la prochaine saison à l'air vicié des villes, des salons et des bureaux, et aux plus violentes expériences de chimie culinaire.

Quant aux lieux les plus convenables pour le bain, il faut que nous fassions encore quelque distinctions parmi vous, d'abord, selon votre sexe, puis selon vos goûts et vos habitudes.

Vous, Mesdames, vous aimez, les unes le bain solitaire, le bain anacréontique, mythologique, l'isolement, le creux des rochers, leur simple abri, allez à la grande côte du sud, choisissez dans ces baies nombreuses votre baignoire de granit; aux autres, il faut la plage unie, le sable pour poser les pieds, prenez le chemin de Saint-Goustan, et à partir du mont Lénigo, vous trouverez les grèves solides et le sable chaud, vous aurez seulement à vous munir d'une petite tente pour la toilette; quatre ais légers, une simple toile feront l'affaire.

Pour vous, Messieurs, vous affectionnez qui, les bains de tête, qui, les bains tranquilles et pour la satisfaction personnelle. Les premiers, moyennant le vêtement prescrit par les ordonnances protectrices de la morale et de la pudeur publique, pourront faire leur toilette dans leur chambre, et profiter des bassins du port ; les autres, comme les Dames, choisiront entre la roche ou le sable, la baie du Port-Lain ou celle de Saint-Goustan.

Si vous le préférez encore, faites-vous passer à la pointe de Penbron, et vous aurez une des plus belles grèves de la côte de France.

Il est un point qui occupe souvent les baigneurs, à savoir s'ils doivent se mettre à l'eau lorsque la mer monte ou attendre le reflux. Mon expérience personnelle m'a appris que toutes les heures étaient bonnes, que le préjugé contre le flot ne se basait sur rien de solide, que tout ce que l'on a dit de ces animalcules, de ces frais de mollusques, d'astéries, etc., qu'entraine la marée montante, et qui peuvent occasionner quelque prurit, quelques petits boutons à la peau, n'est justifié par aucune observation sérieuse, et, dans tous les cas, vous retrouveriez les mêmes atômes flottant plus tard au retour du courant.

Que vous dirai-je de plus, amis voyageurs, qui puisse vous être d'agrément ou de sé-

6

rieuse utilité? Vraiment, je le cherche en vain, car je ne veux pas m'égarer dans les menus détails, et je n'ai d'ailleurs intitulé mon livre, ni le cicerone des bains de mer, ni la physiologie du baigneur. Quittons-nous donc, car vous n'avez plus besoin de mes services pour le retour, et si vous n'êtes pas trop mécontent de moi, faites en part à vos amis et à vos connaissances, et portez-vous bien.

FIN.

TABLE

DES MATIÈRES.

FIN DE LA TABLE DES MATIÈRES.

Nantes, Imp. de Vincent Forest, quai de la Fosse, N° 2.

NOTE ADDITIONNELLE.

Je devisais ainsi avec vous, lecteur, tâchant d'utiliser mes souvenirs à votre profit, bien convaincu de leur exactitude, et persuadé que les choses cette année se trouveraient bien positivement dans l'état où je les avais laissées à la fin de la saison dernière; mais si le temps dévore, le temps crée aussi, et voilà qu'un bruit m'arrive du Croisic que dans l'intérêt de vos plaisirs un vaste établissement s'élève, qui ajoutera aux agréments naturels du pays toutes les jouissances de luxe, tout le confortable auquel vous pouvez être habitué. On parle de cuisine transcendante, de salles de bal, de billard, de conversation, de bains chauds à l'eau de mer et à l'eau douce, etc., etc., etc. Le tout doit être prêt pour le mois de mai.

Puisque l'occasion se présente de converser un moment de plus avec vous, lecteur, au moyen de cette feuille additionnelle, nous devons solliciter votre indulgence pour les fautes nombreuses qui ont échappé aux investigations du prote, car il nous a été impossible de donner nos soins à la correction des épreuves. Vous reconnaîtrez que si nous l'eussions pu faire, nous n'eussions pas écrit par exemple : *Straple chase,* pour Steaple chase ; *inquêtes,* pour enquêtes ; *Ducambour,* pour Du Cambout, etc., etc., et aussi que nos signes de ponctuation eussent été semés d'une manière un peu plus judicieuse. De tout quoi nous vous demandons humblement pardon.

Pareillement si nous eussions été appelé avant le tirage à jouir de la vue complète de notre manuscrit passé à l'état de lettre moulée, nous vous eussions épargné quelques aménités dont nous jugions mal sur notre informe griffonnage, et par exemple, malgré notre respect pour la vérité historique, nous aurions adouci l'anecdote du père Thiery, et supprimé quelques mots épars çà et là qui ne sont peut-être pas tout-à-fait de bonne compagnie. Il est malheureusement trop tard pour rien changer à tout cela ; mais nous vous promettons que la seconde édition sera considérablement corrigée, augmentée, revue et surtout expurgée ; hâtez donc l'écoulement de celle-ci, et de nouveau recevez nos souhaits.

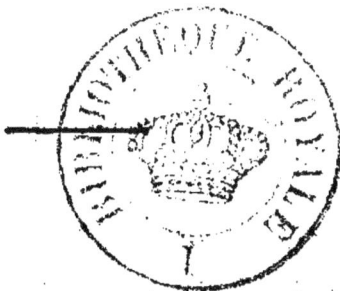

Nantes, Imp. de Vincent Forest, quai de la Fosse, N° 2.

TABLEAU DES DÉPARTS DES BATEAUX A VAPEUR FAISANT LE SERVICE DE NANTES A PAIMBŒUF ET SAINT-NAZAIRE.

SERVICE DES MOIS D'AVRIL, MAI, JUIN, JUILLET, AOUT ET SEPTEMBRE.

Départ de Nantes.	*Départ de Paimbœuf.*	*Dép^t de St.-Nazaire.*

RIVE GAUCHE. — Le matin.............. à 7 h.	RIVE DROITE. — Les mercredi, samedi et dimanche, le mat. à 5 h.	
RIVE DROITE. — Le soir... { avril et sept. à 3 h. / les autres mois à 4 h.	Les autres jours, le matin.. à 6 h.	Après-midi... à 1 h.
	RIVE GAUCHE. — Le soir.. à 2 h.	

PENDANT LES MOIS D'OCTOBRE, FÉVRIER ET MARS.

RIVE GAUCHE. — Le matin............. à 7 h.	RIVE DROITE. — Les mercredi, samedi et dimanche, le mat. à 6 h.	
RIVE DROITE. — Le soir................ à 2 h.	Les autres jours.......... à 7 h.	A midi...... à 12 h.
	RIVE GAUCHE. — Le soir.. à 1 h.	

PENDANT LES MOIS DE NOVEMBRE, DÉCEMBRE ET JANVIER.

RIVE GAUCHE. — Le matin.......... à 7 h. 1/2.	RIVE DROITE. — Le matin.. à 7 h.	
RIVE DROITE. — Le soir............. à 1 h.	RIVE GAUCHE. — Le soir à midi 1/2.	Le matin à 11 h. 1/2.

Nota. — Correspondance tous les jours, tant à la descente qu'à la remonte, avec des voitures parfaite-ment disposées et à des prix très-modérés; ainsi, aux stations, on est assuré de trouver:

A Paimbœuf, des voitures pour tous les bains de mer de la rive gauche, desservant Pornic, La Plaine, etc.

A Saint-Nazaire, des voitures pour tous les bains de mer de la rive droite, desservant Guérande, le Pouliguen, le Croisic, etc.

A Lavaud, une voiture spéciale pour le service des bateaux, établi entre ce point et Savenay, où l'on trouvera des voitures pour toute la Bretagne.

RENNES

5

129

4

97

Dép.t de l'Ille et Vilaine

Dép.t du Morbihan

Pancé

Bain

Thouric

Houlvache

Pomménrac

Ercé

Teille

Matignie

VANNES

Dép.t du

Renac

Langon

Fougeray

Sion

Rougé

Nozal

Soudan

S.t Julien

55

Hété

Péreuc

le Cor

CHATEAU-BRIANT

130

S.t Gorgon

REDON

Guémené

Conquereuil

Derval

98

Peaute

Allaire

de Ré

Pont Fourché

Trefficux

Jové

Moisdon

S.t A

Maxillac

Vilaine R.

Rieuxce

Peyréac

Marsac

Jans

Don R.

la Ché

Dilhera

Arzal

Féret

Marzon

Plessé

No.zay

Abbaret

la Meillerac

S.t Sulpice

ROCHE-BERNARD

S.t Gildas

le Roxet

le Gavre

S.t Mars

Herbignac

Dréféac

Guenroüet

Blain

Ilo S.t Offré

Riaillé

Joué

Pannecé

Crossac

Pont Château

Quilly

Canal

Nort

les Touches

Louveré

S.t Molf

S.t Joachim

Béne

Bouvron

Bout de Bois

Bontay

Piriac

Armouran

SAVENAY

le Moera

Héric

Fay

Casson

Ligne

Turbale

GUÉRANDE

Bois-de-Cesne

Malleville

Gr.d Champ

Quiheix

P.t Mars

ANCENIS

Carcet

Escoublac

Méan

Montoir

Cesmes

Vigneux

Treillères

Gr.d

Stcé

Gesvre

le Cruisic

Saillé

S.t Nazaire

Donges

Lavau

le Temple

Cordemain

Chapelle

Carquefou

les Scilleres

la Varane

PAIMBŒUF

S.t Viaud

Frossay

S.t Étienne

Sautron

Orvault

la Chapelle

Mourre-Bere

S.t Sébastien

Brevin

Couéron

NANTES

99

Emb.re

S.t Pere-en-Retz

Chantenay

Sorron

S.t Michel

la Plaine

Rouans

Pointe

S.t Gilles

Pornic

DÉPARTEMENT
DE LA
LOIRE INFERIEURE

RENNES

97

Dép.t   de   l'Ille   et   Vilaine

Pancé
Bain   Thouric
Ercé   Louvouché
Teillé   Martigné
Rougé   Noyal   Congrier
Pommeniac   Soudan   Pouancé
Renac   Langon   Fougeray   S.on   le Cher   CHATEAU-BRIANT   Verrier R.
S.t Julien

REDON   Guémené   Conquereuil   Derval   Treffieux   Issé   Moisdon   S.t Julien   Chatain   33
Pont Fourché   Marsac   Juncé   Don R.   le Chr Glain   Loiré
Trejeac   Nozay   S.t Sulpice   Frée   Erdre R.
Séqueree   Plessé   le Boret   Abbaret   le Meilleroir   S.t Mare   Candé   le Loroux
Malville   Guéméné   Vay   Riaillé   Croix   la Cornouaille
Dr.Seac   le Gavre   Joué
Oüilly   Blain   Pannecé   S.t Sigismond
Pont Château   Bouvron   Bou. de Bois   Nort   les Touches   Pouillé   la Bouxiere   Ingrande   S.t Jean   Bouchemaine   ANGERS
Cambon   Hérié le   Blanche   Boulay   Loiriere   Varades   N.al   Champtocé   S.t Georges   P.t de Cé
SAVENAY   le Moec   Malleville   Gr.d Chaur   Ligné   ANCENIS   Anetz   Contrelais   Savenieres
Cordemais   Vignoux   Treillères   Pt Mars   Oudon   Liré   S.t Florent   la Pommeraye
PAIMBŒUF   le Temple   Gesvre   Ruthüil   Champtoceaux   Bouzillé   la Boissiere
S.t Viaud   Cordemais   S.t Etienne   Orvault   la Varenne   la Boissiere   S.t Christophe
Frossay   S.t Autron   Chapelle   la Chap.elle   Montreoault
Couëron   NANTES   Chantenay   Rouare   S.t Christophe
Rouans   Chemere   Pont Rouge   Vertou   la Chap. le Heulin   la Regrippiere

6
97
98
99

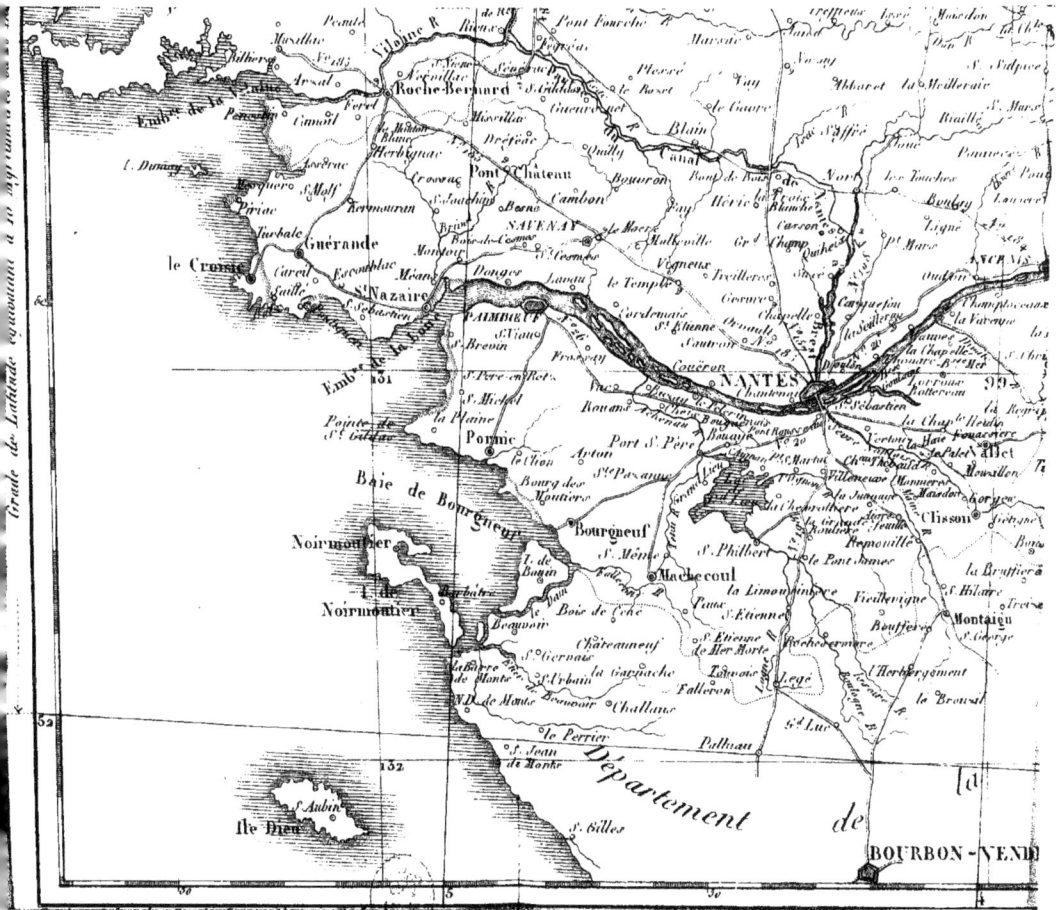

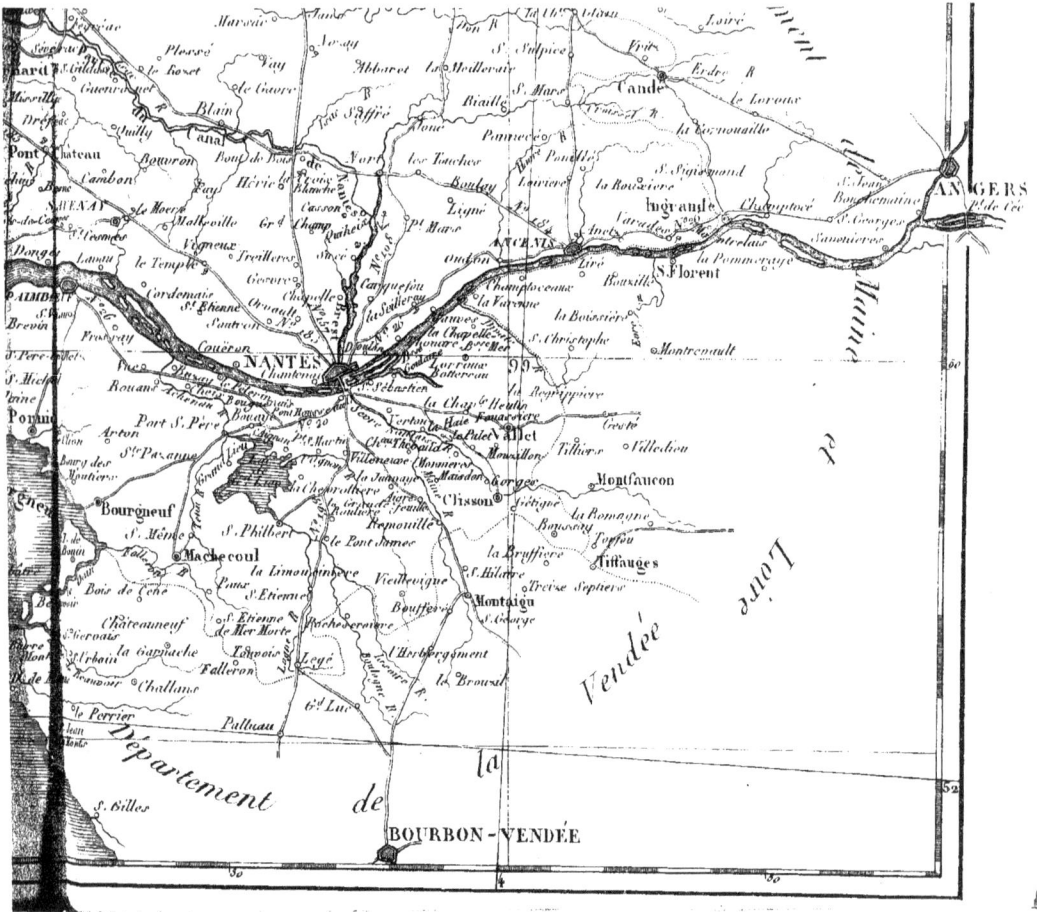

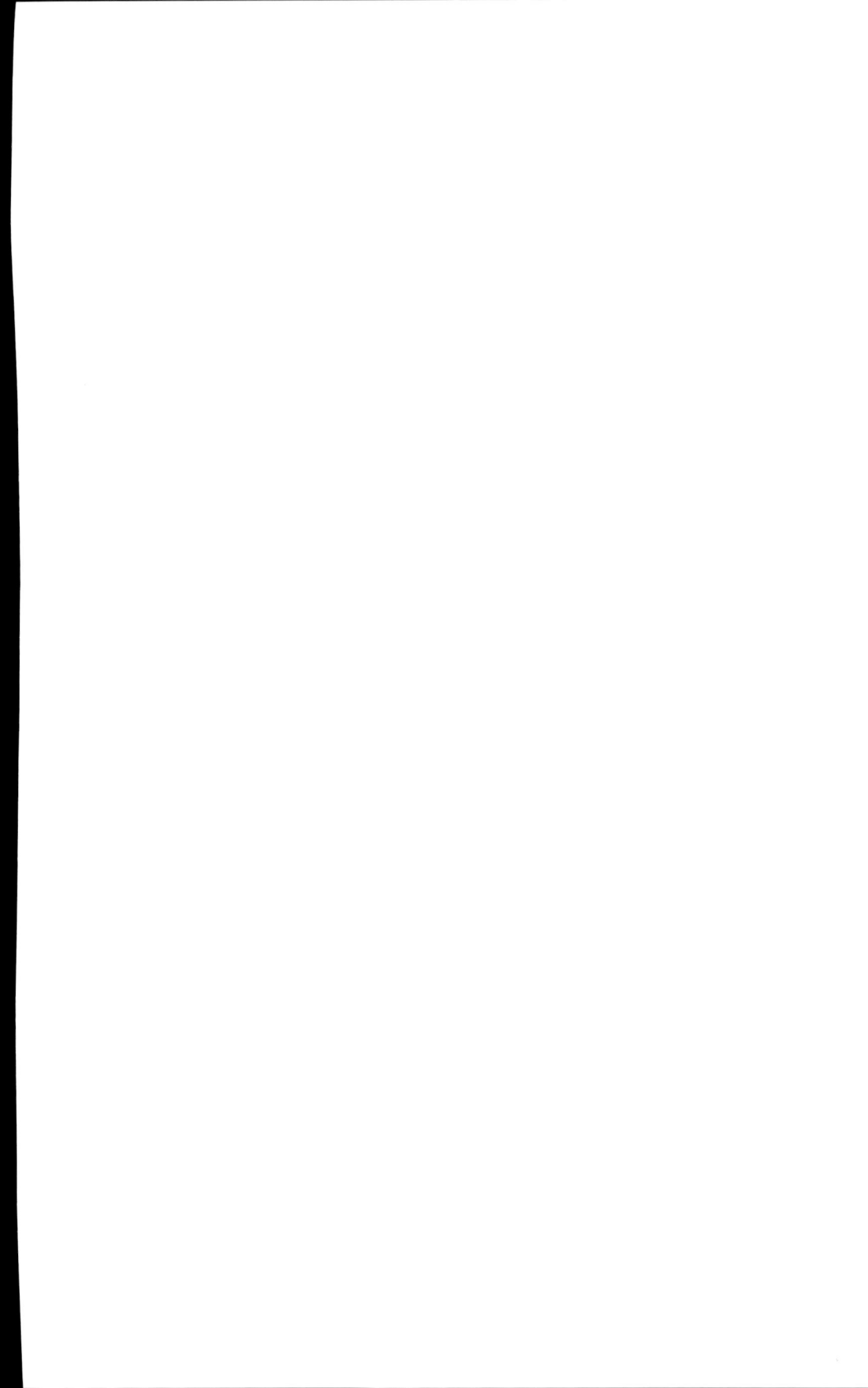